Darknet,
le voyage qui fait peur

Pierre Penalba
Abigaelle Penalba

Darknet,
le voyage qui fait peur

Albin Michel

Sommaire

Partir explorer le Darknet : quelle drôle d'idée !

Après la parution de notre précédent livre, *Cybercrimes*[1], qui relate une soixantaine d'affaires de cybercriminalité, un petit regret pointe chez bon nombre de nos lecteurs : on y parle peu du Darknet.

Celui-ci est perçu comme un univers mystérieux, probablement dangereux et néanmoins fascinant, rempli de « choses » (on ne sait trop lesquelles…) et abritant de juteux trafics. Et dans cette attirance-répulsion, l'envie de savoir, l'envie d'en savoir plus l'emporte.

Encouragés par notre éditeur, nous décidons alors de donner un aperçu de ce qu'est réellement cette *terra incognita*, au-delà des fantasmes et des raccourcis.

Alors, partir explorer le Darknet, une drôle d'idée ? Une excellente idée, plutôt !

Nous avons effectivement passé trente journées (ou nuits parfois, à cause des fuseaux horaires) immergés dans cet univers secret, pour y récolter récits, images… et informations.

Nous vous faisons participer à cette aventure, sans risque ni pour votre matériel ni pour vos données : une exploration *par procuration*, dans les pas et par les yeux d'une néophyte

---

1. Voir l'anti-bibliographie, p. 313.

– votre émissaire dans le Darknet – accompagnée et conseillée par un professionnel.

Car très peu de gens savent que le Darknet est une entité à double visage – ombre et lumière à la fois. Un formidable espace de liberté, utilisé tour à tour pour le pire comme pour le meilleur.

La liberté d'expression qu'offre le Darknet est aussi bien celle des minorités persécutées et des mouvements réprimés que celle qui s'exerce dans les forums d'entraide ou les blogs personnels. Mais les opinions et inclinations les plus abjectes y ont aussi libre cours.

La liberté d'informer et de s'informer illustre le versant positif du Darknet, au travers des échanges entre chercheurs et informaticiens de tous bords et par les médias qui investissent ce nouvel espace.

Mais le Darknet, c'est aussi l'absolue liberté d'entreprendre, avec la vente illégale de services et produits, licites… ou non !

L'anonymat qui y règne fait donc du Darknet un terrain de jeu idéal pour tous ceux qui craindraient – s'ils s'exprimaient ou exerçaient leur activité sur Internet – pour leur réputation, leur sécurité, leur business.

Mais la volonté d'anonymat peut aussi n'être qu'une simple question de principe(s), y compris pour le citoyen lambda n'ayant rien à cacher : « Défendez-vous. Protégez-vous contre le pistage, la surveillance et la censure[1] », tel est le mot d'ordre affiché.

Dans la pratique, le Darknet – comme son homologue visible, Internet – est un univers complexe qu'il faut comprendre.

---

1. Profession de foi des gestionnaires du réseau Tor, en page d'accueil du site officiel : https://www.torproject.org/fr/download/.

Darknet, le voyage qui fait peur : mode d'emploi

Le Darknet est un monde foisonnant et protéiforme. Mais, en fin de compte, il n'est qu'un calque de notre univers, un monde parallèle, sans règles ni garde-fous.

Nous avons choisi d'en présenter la richesse et la diversité au travers de sept thématiques : escroquerie et hacking, violences, marchés noirs, pornographie, politique et journalisme, blogs et forums, pédocriminalité.

Une huitième thématique, chère à nos cœurs, est celle de l'insolite, de la culture, de la fantaisie. Ces textes s'intercaleront à la fin de chaque partie, comme une respiration au cœur de sujets plus graves.

Au fil de ce récit, vous découvrirez des captures d'écran, mais également des retranscriptions de blogs et de forums, dont nous avons gardé l'orthographe et la syntaxe, parfois plus que bancales…

Par ailleurs, cette icône annoncera les récits d'affaires criminelles se déroulant dans le Darknet. Il s'agit principalement d'affaires que Pierre a traitées avec son groupe (seul ou en collaboration avec d'autres services d'enquête français ou étrangers) et qu'il rapporte ici.

Avec sa double casquette d'enquêteur et d'informaticien, il intervient aussi dans les encadrés techniques.

Les encadrés portant cette icône proposent des conseils de base, de simple bon sens ou plus techniques, contre les attaques cybercriminelles : précautions à prendre en amont ou actions à mener a posteriori.

Bien souvent, Abigaelle – experte en rien mais curieuse de tout – sera la narratrice de ce périple… Elle apporte aussi son grain de sel dans les encarts Café philo lorsque ses découvertes l'amènent – au-delà de la description, de l'explication ou de l'émotion – à des temps de réflexion ou de questionnement qui seront peut-être aussi les vôtres.

1

Première plongée !

C'est bon, on y est ! Aujourd'hui sera le premier jour d'Abigaelle dans le Darknet : cette immersion attendue, préparée, fantasmée. Redoutée aussi, un peu…

On vérifie une dernière fois, à deux, la check-list :

– Machine dédiée, que tu n'utiliseras que pour aller sur le Darknet ?

– Fait !

– Formatage et réinstallation ?

– Fait !

– Téléchargement de Tor Browser ?

– Fait !

– Installation d'un antivirus ?

– Fait !

– Aspirine et jus d'orange ?

– Fait !

Pierre en profite pour faire à sa cyber-voyageuse un petit rappel des conseils de base :

– Tu te souviens de ce que je t'ai dit pour le temps de latence ?

– Oui : le processus est parfois extrêmement long. Jusqu'à une minute par requête.

– Et qu'est-ce qu'il faut faire, alors ?

– Je clique… une seule fois ! Et j'attends. Sans m'énerver.

– J'ai hâte de voir ça !!! Et s'il ne se passe toujours rien au bout d'une minute ?

– Ça veut dire que l'ordi ou le serveur qui héberge ce que je veux est éteint. J'essaie d'abord d'utiliser l'icône du petit balai pour initier une nouvelle configuration des relais. Et si ça ne donne toujours rien, j'abandonne et je passe à un autre lien ou une autre requête. Il va falloir gérer la frustration !

– Attention aussi aux conduites à risque ! Ne laisse filtrer aucune coordonnée ni information personnelle, même vague, qui permettrait de remonter jusqu'à toi. Tu as choisi ton pseudo ?

– Oui. Désormais je serai Alex101.

– Pourquoi Alex ? Et pourquoi 101 ?

– En hommage à Alexandra David-Néel, la célèbre exploratrice, qui a vécu 101 ans !

– ...

Tout est bon, démarrage du compte à rebours :

5 : je lance Tor Browser, le navigateur ;

4 : je ferme la fenêtre de confirmation du navigateur par défaut ;

3 : *DuckDuckGo* s'affiche comme moteur de recherche par défaut ;

2 : je tape « *Hidden Wiki* » ;

1 : j'en sélectionne un en *.onion* parmi les premiers proposés.

Je suis aux portes du Darkweb, à deux secondes de pénétrer enfin en terre inconnue ! J'ai les yeux qui brillent, un mélange d'impatience et d'appréhension. Une dernière hésitation avant le grand saut...

0 : je tape sur la touche *entrée.*

Plongée dans l'hyperespace !

Des lignes, et des lignes.

Des pages, et des pages.

De l'anglais. Un peu de français, de russe.

Mes yeux survolent les descriptions des sites. Des offres de services divers et variés : piratage, armes, drogue, faux papiers… Des forums et tchats, dans un joyeux désordre : cypherpunks, néonazis, dissidents chinois, zoophiles, révisionnistes et, même, Tintin le pervers !

Des geeks, beaucoup de geeks, d'experts cyber, de *data analysts*. Des bitcoins, des transferts d'argent, de nouveau des bitcoins à transférer, mixer, multiplier…

De la musique, des livres, des BD.

Mais, curieusement, pas de tortures, de viols, de meurtres en direct. Tout ce qui attise l'habituelle curiosité envers le Darkweb, en principe. Si Internet nous vend du rêve, le Darknet est là pour nous vendre du cauchemar, non ?

Pierre précise alors :

– Il faut que tu utilises un moteur de recherche non modéré, comme Torch, par exemple. Bannières de pub à gogo, des couleurs dans tous les sens, ça clignote comme une brigade de gyrophares ; mais aucune censure, aucune barrière.

Me voici donc sur le moteur de recherche Torch.

Il faut bien commencer par une requête. Allez, le sujet le plus fréquent dans toutes les dimensions du Web : « sexe ». Erreur de débutante ! Le Darkweb est très majoritairement anglophone. Je ne tombe que sur des sites francophones dénonçant la prostitution ou militant pour la féminisation du langage.

Tapons « *sex* », alors. Mauvaise pioche, encore : le deuxième lien est un index des morceaux des Red Hot Chili Peppers ! En vrac, aujourd'hui, parmi les premiers résultats : un article sur l'affaire Epstein, un forum de discussion de cinéphiles russes, un *sex-porn-comic* qui semble très prometteur, un *Folk, New Age and Flamenco* dont je me demande ce qu'il fait là… Et bien sûr des liens vers des portails de pornographie. Les tentatives de connexion n'aboutissent pas : peut-être trop de demandes simultanées.

Il va falloir être plus précise dans mes requêtes.

Changement de registre :
Des violeurs, des tueurs, des esclaves torturées, des victimes castrées.
Caractères noirs sur fond rouge.
Coulées vermillon, rouge sang, sur fond noir.
Les antiques codes du démon sont bien là.
De démon, point pourtant.
D'inhumains êtres humains.
Par dizaines, par centaines… par milliers probablement.
Vrai ou pas, je ne sais pas.
Pas encore.
Mais je ne suis pas prête, en fait. Pas prête à voir tout ça.
Ou en tout cas pas tout de suite.

Pour un premier jour, j'en ai assez fait. Et assez vu.
Pour ma prochaine exploration, il faudra que je change de secteur, une zone moins sinistre…

2

Au panthéon du Darknet : le dieu Tor

Figure 2.1 – Logo de Tor.

Le navigateur Tor, réseau mondial, incarne à lui seul – bien que de façon réductrice – le Darknet.

Sa position de leader, avec près de 3 millions d'usagers quotidiens, tient à quatre facteurs :

- sa facilité d'accès et d'utilisation ;
- l'étendue des services d'échanges proposés (blogs, forums, mails, tchats, partage de fichiers) ;
- le fait qu'il abrite le plus grand nombre de sites du Darkweb, dont quantité de *marketplaces*[1] ;
- la protection qu'il offre pour naviguer de façon anonyme et sécurisée sur le Clearweb. Cet usage de Tor est très largement prépondérant.

Tor est l'acronyme de The Onion Router : « le routeur *en oignon* » (lequel oignon figure dans le logo de Tor). Pourquoi ce nom, au premier abord surprenant ?

Le réseau Tor est constitué de milliers d'ordinateurs ou de serveurs appelés « relais Tor » (maintenus par des

1. *Marketplaces* (ou « marchés ») : plateformes hébergeant des vendeurs en ligne de produits et services.

volontaires partout dans le monde) qui sont les nœuds du réseau.

La connexion entre l'utilisateur et son correspondant (ou le site recherché) passe par une succession de relais qui ne connaissent que le précédent relais et le suivant. Chacun de ces nœuds intermédiaires ajoute une couche de chiffrement. Le routage, c'est-à-dire l'acheminement des données, se fait donc par une succession de couches, comme celles de l'oignon.

Cette technique permet de préserver l'anonymat des utilisateurs et de dissimuler leur position géographique, d'empêcher un tiers de connaître les sites visités, d'assurer la confidentialité des contenus échangés.

Onionland

Sur le Web que vous utilisez tous les jours, les URL[1] commencent par *www.* (pour *World Wide Web*) ; puis contiennent un nom, souvent en plusieurs mots séparés par des tirets ; et se terminent par une extension en *.com*, *.org*, *.fr*, *.eu*... (par exemple : www.albin-michel.fr).

Sur Tor, les URL sont des suites de 16 ou 56 caractères suivies d'un suffixe unique : *onion* (extension choisie en référence à la technique de routage en oignon). Toutes les lettres de l'alphabet étant utilisées – sans considération de fréquence dans une langue ou l'autre –, les adresses des pages web sont en général du type : xc6jpr4jfujg7sqx.onion ; mais on commence à trouver des sites avec une adresse en partie intelligible, comme *bbcnewsv2vjtpsuy.onion* pour la BBC.

On parle donc de « sites en *.onion* » ; et l'ensemble de ces sites est appelé Onionland.

1. URL (*Uniform Resource Locator*) : au sens usuel, adresse d'un site ou d'une page web.

Accéder à Tor et à ses contenus

Pour se rendre sur le réseau Tor – à partir d'un ordinateur, d'une tablette, d'un téléphone –, le moyen le plus simple et le plus sécurisé est d'utiliser le navigateur[1] dédié, Tor Browser, à télécharger depuis le site officiel[2]. Aller ensuite sur le réseau Tor n'est pas illégal en France ; seul peut l'être l'usage qui en sera fait...

Une fois sur Tor, le moteur de recherche par défaut (c'est-à-dire proposé automatiquement) est une version spécifique de *DuckDuckGo*, moteur réputé en termes de protection de la vie privée. C'est un excellent outil pour effectuer des recherches en toute sécurité sur le Web classique, ce qui constitue environ 90 % de l'utilisation de ce navigateur.

En revanche, pour explorer les sites en *.onion*, il est impossible d'utiliser les moteurs de recherche classiques qui ne les référencent pas. Il faudra utiliser d'autres outils : des moteurs de recherche spécifiques ainsi que des annuaires de liens.

Les plus répandus de ces annuaires sont les *Hidden Wikis*. Ce sont des pages web collaboratives (*wikis*), auxquelles chacun – en général sous condition de validation par les gestionnaires – peut apporter sa contribution (comme pour l'encyclopédie Wikipédia).

On entend parfois qu'il faut utiliser *Hidden Wiki*, comme s'il s'agissait d'un site unique. Or, l'un des grands principes de Tor est l'absence de marque déposée. Chacun peut reprendre à son compte un nom, un logo, un design qui marche. On trouve donc des *Hidden Wikis*.

1. Navigateur : logiciel permettant d'explorer les pages web (Google Chrome, Mozilla Firefox, Opera, Brave...).
2. https://www.torproject.org/fr/download/.

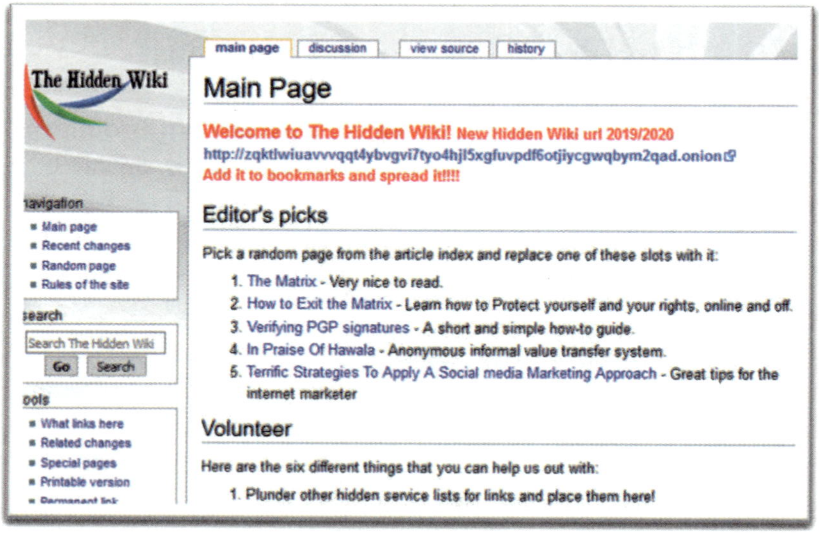

Figure 2.2 – Annuaire de liens *Hidden Wikis.*

Ceux-ci ne donnent en rien une image exhaustive des contenus du Darkweb, mais sont un sas d'entrée facile d'accès et riches de contenus ; certains des liens répertoriés sont des *portails*, qui donnent accès à des dizaines de sites sur un même thème.

Les *Hidden Wikis* sont utiles pour des personnes souhaitant éviter les contenus les pires : ils sont le plus souvent *modérés*, c'est-à-dire contrôlés et censurés par leurs gestionnaires si nécessaire.

Du côté des inconvénients, la mise à jour est rarement faite et de nombreux liens sont obsolètes. Et l'outil *random,* une « page au hasard » – une option de recherche qu'on trouve aussi sur Wikipédia – est trompeur : il mène à de courts articles sur des sujets aussi variés que les alliances de mariage ou les astuces de nettoyage de ses tapis, prétextes à des liens publicitaires vers des sites marchands du Clearweb !

Les *Hidden Wikis* classent les liens de sites en *.onion* en une vingtaine de rubriques thématiques, qu'on peut regrouper en six grands domaines.

L'utilisation du Darknet : liste de gestionnaires de mails chiffrés et rubrique *Introduction points* qui propose les principaux moteurs de recherche répertoriant les sites en *.onion* ainsi que d'autres annuaires de liens.

Les tâches dévolues aux *volunteers* : ajout de liens jugés intéressants, suppression de liens caducs, ainsi que le louable *Remove CP shitness* (« supprimer cette merde de CP[1] »), en totale contradiction avec l'existence d'un site *Teen Porn* dans la rubrique *Erotica*...

Le technique (pour simples passionnés, responsables informatiques ou hackers) : gestion de l'anonymat et la sécurité, sites de hacking regorgeant de programmes et de bases de données, et même sites de *doxing*[2] où des hackers s'amusent à en démasquer d'autres !

Le commercial : tout l'éventail des sites marchands présents sur Tor, y compris les *Financial services* (fausses cartes bancaires, faux papiers...) et une rubrique exclusivement consacrée aux drogues et aux médicaments.

L'expression et l'échange : essais, blogs personnels, forums généralistes ou spécialisés ou encore sites de partage d'informations et de données sensibles.

Le culturel : musique en streaming, téléchargement de films ou jeux vidéo et un large catalogue de livres, en lecture directe ou à télécharger.

Deux autres rubriques non thématiques recèlent parfois des pépites : *Uncategorized* et la sous-rubrique des sites en français.

Cependant, la grande majorité des sites de Tor ne sont ni indexés par les moteurs de recherche ni répertoriés dans les *Hidden Wikis*. C'est le cas – pour d'évidentes raisons de sécurité – de la plupart des sites concernant les minorités opprimées et les opposants politiques dans de nombreux pays, mais aussi

1. CP, abréviation usuelle de *child pornography* : « pédopornographie ».
2. *Doxing* : diffusion publique de données personnelles.

pour les sites terroristes... On peut alors parler d'un « Darkweb profond » : des sites auxquels on ne peut accéder que par cooptation ou à la suite d'une très longue procédure d'infiltration.

Les sites criminels commerciaux (stupéfiants, armes...) sont, eux, très faciles d'accès pour toucher une clientèle la plus large possible, qui pourra y accéder dès sa première visite dans le Darknet.

Préparatifs de voyage

Mais avant le grand départ, il faut s'assurer d'avoir des papiers en règle, un petit pécule en devises étrangères et de quoi communiquer aisément avec la population locale.

Pour naviguer incognito, il faut d'abord une nouvelle identité. Un pseudonyme – différent de tous ceux utilisés par ailleurs – suffira. Les outils de génération de faux profils[1] donnent des résultats souvent peu crédibles. Il existe aussi un générateur de fausses photos[2] : à chaque visite sur le site, un visage est généré aléatoirement et le résultat est bluffant.

Ensuite, pour pouvoir communiquer directement avec un de ses contacts sans être identifiable, il faut une adresse mail chiffrée. Parmi les différents gestionnaires de mails, nous choisissons *Protonmail*, qui offre un bon compromis entre sécurité et facilité d'utilisation.

Il faut encore créer un *wallet*, ou « portefeuille », sorte de compte bancaire permettant d'acheter puis d'héberger du bitcoin (qui n'est pas la cryptomonnaie la plus sûre, mais demeure la plus répandue sur le Darknet). Nous choisissons un gestionnaire de *wallets* parmi ceux reconnus comme les plus sécurisés (*Coinbase*, *Binance*, *Kraken*, *Exodus*). En quelques secondes, l'*adresse* – qui est l'équivalent d'un numéro de compte ban-

1. https://fr.fakenamegenerator.com.
2. https://www.thispersondoesnotexist.com.

caire – est créée et nous lui adjoignons un mot de passe (l'oubli du mot de passe bloque définitivement l'accès aux cryptomonnaies détenues ; et un vol de mot de passe reste toujours possible…).

Exemple d'adresse fonctionnelle (comme celles affichées sur la majorité des sites marchands du Darknet) : 34Hcju1Ffq ZomxjBcnJy5rCuMYembQAH1o.

Enfin, si on ne parle pas couramment anglais, il faut prévoir de recourir à un traducteur automatique. L'anglais est encore plus prépondérant que sur Internet, car il permet de se noyer dans la masse et de ne pas attirer l'attention. Utiliser une autre langue rend plus vulnérable face à d'éventuelles tentatives de surveillance : c'est pourquoi l'immense majorité des contenus est en anglais, d'un niveau parfois médiocre.

Nous sommes parés, tout est en ordre. En route vers Onionland après un dernier coup d'œil sur la boussole !

POUR MÉMOIRE

Géographie d'un continent inconnu

Besoin d'un petit topo ? Même ceux qui n'ont pas la fibre techno-numérique comprendront tout, c'est promis !

Quel que soit le contexte (échanges informels, reportages, articles, vidéos YouTube, livres), on confond souvent *Darknet*, *Darkweb*, *Deepweb*. Et d'ailleurs : *Darknet*… ou *darknet* ?

◦ **un darknet** est un réseau parallèle qui utilise des techniques de chiffrement des données pour assurer l'anonymat des utilisateurs (et, très souvent, la confidentialité des contenus échangés).

À l'origine, ces réseaux (*nets*) ont été qualifiés de sombres (*dark*), non pas à cause de leur contenu, mais parce que les moteurs de recherche classiques ne peuvent y accéder.

Certains darknets sont dédiés à un seul type de service (messagerie, par exemple) ; d'autres sont des écosystèmes complets, avec sites, messageries, courriers électroniques, partage de fichiers.

Certains sont librement accessibles ; d'autres – comme *Telegram* – sont privés et accessibles sur invitation.

Les principaux darknets sont *Tor* puis – loin derrière – *Freenet* et I2P.

Les transactions s'y font essentiellement en cryptomonnaies, notamment en bitcoins.

◦ **le Darknet** est l'ensemble de ces réseaux anonymes et chiffrés – qui ne sont pas toujours connectés entre eux, à la différence d'Internet (INTER*connected* NET*works* : *réseaux interconnectés*). Il ne s'agit donc pas d'un lieu unique mais d'un univers complexe, aux contours flous. Il s'oppose au *Clearnet* (« net clair »), autrement dit Internet.

◦ **le Darkweb** est l'ensemble des contenus (sites, blogs et forums) et services (applications de courrier électronique, de messageries instantanées, de partage de fichiers) qui ne sont accessibles que par un des darknets.

Il s'oppose au *Web*, qui se subdivise en *Clearweb* (les pages que l'on peut trouver par un moteur de recherche généraliste) et *Deepweb*.

◦ **le Deepweb** ou **Web profond**, **Web invisible** est constitué de l'ensemble des pages web accessibles par Internet, mais qui ne sont pas indexées par les moteurs de recherche généralistes :

– sites entièrement privés : *intranets* d'entreprises, bibliothèques en ligne, bases de données ;
– pages qui nécessitent d'en connaître l'adresse et exigent une authentification (identifiant + code d'accès) : les *espaces personnels* des sites bancaires, par exemple ;
– pages non indexables techniquement ou dont l'administrateur empêche l'indexation ;
– pages *dynamiques*, c'est-à-dire générées par une sélection de paramètres (horaires d'avion, etc.).

PARTIE I

ESCROQUERIE ET HACKING

Contrairement à ce qu'on pourrait penser au premier abord, le principal danger du Darknet – et qui peut concerner tout un chacun – est le risque de se retrouver victime d'une escroquerie ou d'actions de hacking. Crédulité, appât du gain, imprudence et ignorance d'un côté ; professionnalisme croissant et inventivité sans limites de l'autre. Particuliers comme entreprises sont ciblés par les délinquants numériques qui peuplent ce nouveau Far West.

3

Le Darkweb peut vous pardonner…

Darkweb et pardon : l'alliance des deux termes est pour le moins surprenante.

Nous sommes tombés sur cette page au détour de recherches sur les sujets religieux et nous nous félicitons d'avoir découvert cette pépite. Car, en définitive, derrière l'aspect anecdotique et quelque peu absurde, on y trouve réunies plusieurs fonctions du Darknet…

Un visuel esthétique et zen, une formule qui fait mouche, un design sobre et minimaliste. Quelques lignes de texte, petit argumentaire commercial en trois points :

– peu importe ce que vous avez fait, il n'est pas trop tard pour obtenir l'absolution ;
– le Darkweb ne pose pas de questions, il peut oublier et peut accorder un pardon immédiat ;
– tout ce que vous avez à faire est d'envoyer le bon montant, en bitcoins, à l'adresse indiquée.

Figure 3 – Accueil du site d'absolution des péchés.

« Tous les pécheurs ont besoin de l'absolution
Le dark web peut vous pardonner
OBTENEZ L'ABSOLUTION »

Suivent les consignes de paiement :

– Une fois les fonds transférés et crédités, votre péché sera pardonné. Si vous ne savez pas quel montant serait suffisant, regardez dans votre cœur. Il y a un prix pour tout, y compris pour l'absolution.

>

Il s'agit là de la version moderne du commerce des indulgences mis en place par l'Église catholique au XVe siècle. C'était le nom donné à la réparation demandée au pécheur par l'Église, une fois les péchés confessés et pardonnés par le prêtre au nom de Dieu. Il pouvait s'agir de la réparation directe de ses torts, d'un acte de charité ou encore d'un acte de discipline. Puis s'est instaurée la possibilité d'obtenir l'absolution contre espèces sonnantes et trébuchantes.

Dans ce réseau parallèle, dont une partie est dédiée aux commerces les plus malhonnêtes et aux passions les plus troubles, la question du péché n'est finalement pas si absurde que ça. À cette différence près qu'ici la monétisation de l'absolution n'est pas le fait d'une autorité religieuse mais d'un escroc inventif et quelque peu cynique. Et surtout fin connaisseur des faiblesses humaines, notamment celle de croire que l'argent peut tout acheter.

L'escroc va jusqu'à donner la possibilité de mettre par écrit (à la suite des informations de confirmation du transfert d'argent, quand même !) ce que le pécheur a besoin d'exprimer : c'est le principe de la confession auprès du prêtre, acte privé et protégé par le secret du confessionnal.

On retrouve là tout l'esprit des origines du Darknet militant des origines : confidentialité et anonymat. Ainsi que les caractéristiques du Darknet marchand d'aujourd'hui : business et escroquerie, assaisonnés d'une pointe de cynisme.

En tout cas, on peut saluer l'astuce et l'économie de moyens mis en œuvre pour monter cette arnaque doublement spirituelle !

4

La multiplication des bitcoins

Rappelez-vous : avant notre grand départ pour cette exploration du Darkweb, nous nous étions constitué un *wallet*, un portefeuille, avec quelques fractions de bitcoins à dépenser au fil du voyage.

À chaque visite sur un des nombreux *Hidden Wikis*, les liens les plus nombreux dans le domaine financier sont justement ceux qui tournent autour des bitcoins.

Il y a deux expressions qui nous amusent : les *multiplicateurs de bitcoins* et les *mixeurs de bitcoins*. Autant les mixeurs semblent très mystérieux, autant les *multiplicateurs*, qu'on trouve par dizaines dans les rubriques financières, ont un nom qui fleure bon l'arnaque…

Il n'y a qu'à voir celui-ci qui va jusqu'à préciser (fin 2020) qu'il ne peut pas traiter plus de 100 bitcoins à la fois ! Ce qui, au cours de l'époque, équivalait à environ un million huit cent mille euros… Jésus multipliait les pains et les poissons, dit-on ; les escrocs de ce genre multiplient les bitcoins ! Un miroir aux alouettes particulièrement rentable et efficace, tant sont nombreux les naïfs à tomber dans le panneau.

Je reçois un jour un plaignant dont la mésaventure me surprend, moins par la nature des faits que par la personnalité de la victime.

Il dit avoir investi sur un site internet 10 bitcoins, mais il n'arrive plus à récupérer ses fonds. La valeur du bitcoin s'élevant au moment des faits aux alentours des 6 000 euros, son capital représentait donc un montant d'environ 60 000 euros... Tous les documents – captures d'écrans, échanges de courriels – indiquent que le site en question est un site en .onion, hébergé dans Tor.

Voyant ma réaction, il se défend d'avoir agi de façon illégale : il s'agit seulement d'investissements à caractère financier. En tant que chef d'entreprise, il se sentait en permanence surveillé par ses associés, notamment pour ce qui concernait les comptes bancaires. En plaçant son argent sur un site dans Tor, il voulait échapper à ce contrôle pesant.

Je me connecte sur le site : une présentation impeccable, très professionnelle, de superbes photos, des graphiques, les avis de dizaines de clients conquis, éblouis par les performances... Le site promet d'ailleurs une rentabilité extrêmement attractive de... 50 % annuels au minimum. Grâce à un système élaboré de coin-washing *(application au bitcoin du blanchiment d'argent) les gestionnaires assuraient l'impossibilité de tracer les transactions.*

– Savez-vous pourquoi ces sites sont dans le Darknet ?

– Oui, pour l'anonymat, pour la discrétion, pour échapper au fisc et à l'URSSAF !

– Non, ça, c'est ce que vous espérez. Ces sites de placements dans le Darkweb sont montés par des escrocs qui veulent simplement récupérer vos bitcoins. Vous ne reverrez jamais votre argent, malheureusement.

– Mais... Sur mon compte, sur le site, les bitcoins sont toujours là, ils ont même augmenté !

– Monsieur, il s'agit d'un site bidon. Il n'y a absolument rien derrière.

– C'est faux, je les vois, ils sont là ! Regardez, j'ai encore gagné de l'argent !

À l'écran, le montant initial de 10 bitcoins a maintenant quasiment doublé, passant à 19 bitcoins...

Pour lui prouver ce que j'avance, je récupère grâce à un petit outil logiciel l'intégralité du code-source du site. J'édite le programme devant lui. La table des valeurs investies qui s'affiche sur le site est en fait un simple fichier texte, qui contient les coordonnées d'une dizaine d'autres clients. Je modifie la valeur manuellement et je fais s'afficher une copie du site sur mon ordinateur.

La valeur de son compte est passée à 0. Il me regarde, incrédule. Je modifie à nouveau la valeur : il se retrouve avec 100 bitcoins. Je les efface à nouveau.

– Il s'agit d'une arnaque assez élaborée. Lorsque vous leur virez vos bitcoins, ils affichent ce montant initial sur le site. Ensuite, regardez : une petite routine informatique rajoute automatiquement chaque jour une petite somme, de façon aléatoire. La variation est faible mais cela fait entre 0,1 et 0,3 bitcoin qui s'ajoute chaque jour ! D'où le gain que vous avez obtenu depuis le début de votre placement. Si je modifie cette valeur aléatoire et que je mets, disons une valeur de 1 000, tous les jours votre investissement augmentera de 1 000 bitcoins…

Je change le paramètre et je relance le site en local. Sur le compte, il y a désormais 1 019 bitcoins. Je change la date virtuellement : 2019. Encore une fois : 3 019.

Le chef d'entreprise est écœuré. Il vient de comprendre qu'il a tout perdu.

– Il y a une chance de les récupérer ?

– Ça fait déjà un mois. Et c'est dans le Darknet : vos escrocs sont quasiment impossibles à localiser. On va tenter de tracer les bitcoins, mais ils ont sûrement déjà été dépensés ou échangés. On peut aussi tenter d'identifier les titulaires des wallets, *les portefeuilles. Mais ça va être long, surtout si les auteurs ne sont ni en Europe ni aux États-Unis. C'est un monde sans contrôle et sans règles. Vous le saviez…*

La trace des bitcoins a permis de prouver qu'ils avaient en partie été dépensés pour acheter des services et en partie convertis en d'autres monnaies virtuelles. À ce jour, les auteurs de l'escroquerie ne sont toujours pas identifiés.

Pierre commente :

– Lui, je vais peut-être le revoir un jour, pour des portefeuilles de cryptomonnaies qu'il aura achetés sur les *marketplaces*... Il y a des receleurs qui proposent aux acheteurs des portefeuilles en bitcoins volés contre 10 % de leur valeur !

– Pourquoi les revendre, au lieu de les utiliser directement ?

– Pour éviter de se faire tracer. Comme pour tout produit volé, celui qui prend le plus de risques, c'est l'acheteur...

– Bon, et les *mixeurs de bitcoins*, alors : à quoi ça sert exactement ?

– On entend souvent dire que les échanges en bitcoins sont anonymes. C'est faux : ils sont protégés par un *pseudo-anonymat*. Certains sites proposent justement d'anonymiser encore plus ces transactions. Ils reçoivent des versements en bitcoins et en restituent l'équivalent après déduction de leur commission. Ces mixeurs de bitcoins rendent le traçage quasiment impossible.

– Mais je croyais que l'anonymat était la clé des cryptomonnaies comme le bitcoin ?

– Non. Les transactions sont enregistrées sur une sorte d'annuaire public, un grand livre comptable anonyme. Les adresses des portefeuilles, ou *wallets*, ne sont pas nominatives. Mais avec un peu de *social engineering*[1] et si le titulaire du portefeuille a laissé des informations personnelles dans l'écosystème bitcoin, on peut finir par le retrouver. En fait, le problème est là.

– Donc, un vendeur de stups dans le Darknet est identifiable ?

1. *Social engineering* ou ingénierie sociale : méthode d'obtention d'informations confidentielles non pas au moyen d'un piratage technique mais par manipulation psychologique.

– Potentiellement, oui. Mais il faut prouver que les transactions qui lui ont permis de s'enrichir sont liées à son trafic. On sait quelle adresse donne et reçoit des bitcoins, mais sans qu'on puisse savoir pourquoi. De plus, avec le *minage* certains portefeuilles augmentent sans mouvements d'argent.

– J'avoue que j'ai du mal avec le concept de *minage*...

– Chaque bitcoin est un ensemble de données. Ces données sont le résultat de calculs complexes basés sur des algorithmes de cryptographie. Un détail intéressant : chaque bloc de données créé comprend l'empreinte du bloc précédent. Les bitcoins sont donc de longues chaînes de blocs de données cryptées, chaînes ininterrompues et infalsifiables : c'est le principe de...

– De la *blockchain* !

– Exact. Il y a quelques années, il était simple de miner des bitcoins. Maintenant les valeurs sont tellement complexes qu'il faut utiliser le *calcul distribué*, c'est-à-dire réparti entre de multiples serveurs, avec des *fermes de serveurs*[1], pour arriver à en obtenir. Les Chinois sont spécialisés dans ces pratiques, avec de véritables usines à bitcoins ! Du moins à ce qu'on sait de leur conquête de ce nouvel eldorado.

Nul besoin, cependant, d'être fasciné par les cryptomonnaies pour se faire détrousser sans même s'en apercevoir. Cela commence dans votre restaurant favori, au moment de payer l'addition...

---

1. Ferme de serveurs : gigantesque centre de calcul regroupant une grande quantité de matériels équipés de cartes graphiques, particulièrement efficaces pour ce type de calculs.

5

C'est l'histoire d'un MEC

C'est l'histoire d'un MEC[1]*, serveur dans un restaurant équipé d'un terminal de paiement. Il a bonne mémoire. Une excellente mémoire visuelle, une* mémoire photographique, *celle qui permet de « compter les cartes » au casino.*

Il mémorisait donc le numéro des cartes bancaires remises par les clients, ainsi que la date d'expiration et les trois chiffres du code CVV au dos de la carte. Il notait discrètement le tout entre deux plats. Puis il faisait ensuite tranquillement ses petites emplettes sur les sites marchands du Web.

Il s'est rapidement fait pincer : un amateur, qui se cantonnait à une utilisation personnelle sur les sites du Clearweb. Il finira devant le juge.

Fin de l'histoire.

---

1. MEC : acronyme de « mis en cause », désignant en droit français toute personne physique ou morale susceptible d'être impliquée dans une infraction.

C'est l'histoire d'un autre MEC…

C'est l'histoire d'un autre MEC, caissier dans un magasin équipé d'un terminal de paiement. Etc. Mais il ne faisait pas ensuite tranquillement ses petites emplettes sur les sites marchands du Web.

Début de l'histoire.

Dans le cadre d'une affaire de stupéfiants, le groupe cyber est requis suite à des commandes passées par Snapchat. *Un suspect a été identifié. Les deux équipes foncent à son domicile. Le gars proteste de son innocence, assurant « qu'il ne touche pas à la came ». Les collègues procèdent à une « fouille Stups » : ils démontent tout. Absolument tout…*

De mon côté, j'examine l'ordinateur du jeune homme pour voir si j'y trouve des traces d'implication dans un trafic de drogue. Je vois d'abord qu'il a installé le navigateur Tor Browser. Et sa machine abrite une longue suite de fichiers avec, en guise de titre, des dates. Ça commence à sentir bon, tout ça ! Dans chaque fichier/jour : pas d'herbe, ni d'ecstasy, ni de crystal meth[1]*… Non. Juste une demi-douzaine de numéros de cartes bancaires avec date d'expiration, CVV et parfois le code pin à 4 chiffres. À 15-20 euros le numéro vendu dans le Darknet, revenu complémentaire : environ 4 000 euros par mois…*

1. Crystal meth (N-méthyl-amphétamine) : drogue de synthèse, particulièrement addictive.

C'est ce qui s'appelle une « saisie incidente », effectuée au cours d'une perquisition où nous cherchions tout autre chose.

Il finira devant le juge lui aussi.

QUE FAIRE POUR ÉVITER L'USAGE FRAUDULEUX DE SA CARTE BANCAIRE ?

a) Achats sur des sites de e-commerce : depuis juin 2021, les banques demandent pour tout achat en ligne supérieur à 30 euros une authentification forte via une application à télécharger sur son smartphone et utilisant la biométrie (empreinte digitale ou reconnaissance faciale) ou un code de 4 à 6 chiffres. Il est impératif de choisir un code qui ne puisse pas être deviné, comme le seraient une date de naissance ou un code postal, mais qui reste facilement mémorisable par l'utilisateur (le premier vers d'un poème ou des paroles de chanson, en remplaçant les mots par leur nombre de lettres : « au clair de la lune » = 25224).

Sans smartphone, l'authentification peut se faire par l'envoi d'un code de validation reçu par SMS (mais risque de piratage) couplé à un mot de passe. En ce cas, on peut accroître le niveau de sécurité en demandant une carte équipée d'un système de cryptogramme (le CVV en 3 chiffres au dos de la carte) *dynamique* (qui change toutes les 20 à 60 minutes).

Plus radical : pour ce type d'achats, utiliser une carte avec un plafond de paiement très bas et rechargée par virement.

b) Achats sur un terminal de paiement : masquer avec l'autre main la saisie du code pin à 4 chiffres.

c) Carte sans contact : demander à sa banque la désactivation de l'option ou bien ranger la carte dans un étui anti-RFID.

Outre les simples coordonnées de carte bancaire – en général mises en vente sur des forums –, quantité de sites spécialisés proposent des *fullz* de ce type-là :

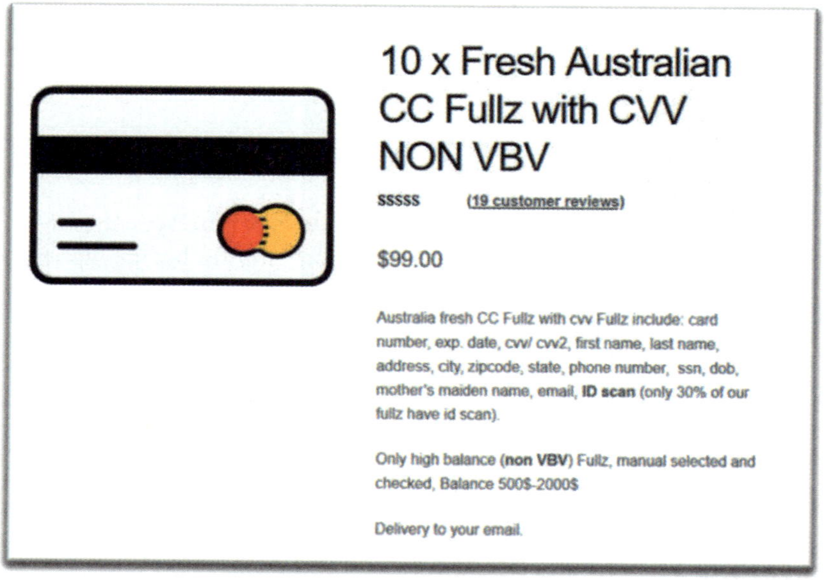

Figure 5 – Vente de données de cartes bancaires.

POUR MÉMOIRE

Fullz est un terme d'argot de hacker et de revendeur qui atteste que les données essentielles d'identification complémentaire sont présentes : dans ce pack de 10 numéros de cartes bancaires, il y a même le nom de jeune fille de la mère, qui est souvent utilisé pour récupérer un mot de passe oublié ; et 30 % de leurs numéros sont fournis avec un scan de la carte d'identité du détenteur.

Fresh indique que le détournement est récent, donc avec moins de risques qu'elles aient déjà été signalées comme piratées (certains sites assurent recevoir des arrivages tous les deux jours, comme la marée...).

Non VBV signifie *Non Verified* By *Visa* : il s'agit donc des données de cartes qui ne sont pas protégées par le système d'authentification 3D *Secure* (ou authentification à deux facteurs, qui demande en général confirmation par un code envoyé par SMS ou saisie d'un mot de passe). On peut trouver aussi la mention *non* MCSC qui est l'équivalent pour Mastercard. De nos jours, cette protection supplémentaire est installée dans la majorité des cartes, mais il est encore possible d'en trouver qui ne l'ont pas.

Delivery to your email confirme bien qu'il ne s'agit pas de cartes physiques.

Dans l'exemple ci-dessus, pour 9,90 dollars par carte, le vendeur assure à ses clients un solde créditeur de 500 à 2 000 dollars !

Certains de ces sites sont de pures escroqueries... mais pas tous. Si les vendeurs préfèrent ne pas utiliser directement les données, c'est qu'il est tout aussi profitable pour eux de réaliser un gain unitaire faible mais sur un gros volume de cartes... tout en restant dans l'ombre. C'est l'acheteur qui prend tous les risques.

Lorsqu'on a des revenus qui ne sont pas en adéquation avec ses besoins, la tentation est grande d'utiliser ses connaissances pour satisfaire ses envies.

Une étudiante niçoise, initiée aux marchés du Darknet par son petit ami, avait vite compris les bénéfices qu'elle pouvait en tirer. Ellena avait acheté deux kits fullz *avec numéros de carte bancaire et données d'identité. La dépense de 30 euros lui avait permis de récupérer près de 600 euros de marchandises achetées sur divers sites marchands du Clearweb. Elle avait suivi scrupuleusement les instructions concernant les livraisons, toujours en point-relais ou à livrer à une autre adresse que la sienne, où elle allait attendre la livraison. Elle présentait de faux papiers bricolés, que les livreurs ou commerçants pressés ne vérifiaient jamais attentivement.*

La corne d'abondance…

Du coup Ellena avait décidé de voir les choses en grand. Après avoir revendu certains de ses achats pour récupérer des liquidités, elle avait investi 200 euros, soit une dizaine de kits auprès du même fournisseur dans le Darknet. Et là, elle s'était lâchée, achetant à tour de bras maquillage, vêtements, chaussures, téléphones, ordinateurs portables.

Ce qu'elle ignorait, c'est qu'un organisme privé, chargé de détecter les fraudes, avait réussi à la localiser malgré ses précautions et avait transmis à notre groupe cyber un dossier complet des achats frauduleux.

Après une enquête rapide, Ellena a été interpellée. Soumise à perquisition, sa chambre d'étudiante était remplie d'objets neufs, dont certains encore avec leur étiquette. Tout a été saisi sur ordre du procureur. Avec l'accord du tribunal, l'ensemble des biens non restituables a été distribué à diverses associations caritatives.

Ellena avait écopé d'une peine avec sursis et mise à l'épreuve.

– Tu viens de raconter qu'avec ses packs de données bancaires, elle ne pouvait faire que des achats à distance. Pourtant, j'ai vu pas mal de sites qui vendent des cartes bancaires physiques, par exemple des cartes prépayées Platinum, avec un crédit de 3 500 dollars et vendues 149 dollars. Ce sont des cartes volées ?

– Possible : il existe un important marché de revente de pièces d'identité et de cartes bancaires volées. Mais si les données brutes détournées peuvent être revendues telles quelles, elles peuvent aussi être utilisées pour la fabrication de fausses cartes. Ces deux processus font partie d'une activité florissante sur le Darknet : le *carding*.

POUR MÉMOIRE

Le *carding* est le nom donné à l'ensemble de la filière technique et commerciale concernant l'usage frauduleux des données stockées sur les cartes de paiement, qu'il s'agisse de cartes bancaires adossées à un compte ou de cartes prépayées.

Ce type de fraude nécessite de récolter les données, puis de les utiliser (pour son usage personnel ou en en faisant commerce sur le Darknet), soit sous leur forme brute soit en les copiant sur une carte vierge.

La récolte des données est l'étape primordiale, puisqu'elle détermine quel usage pourra en être fait :

- l'identité du détenteur, le numéro de la carte, sa date de validité et le cryptogramme visuel (les 3 derniers chiffres imprimés au dos de la carte) permettent les achats en ligne ;
- les pistes magnétiques (on n'en discerne qu'une mais il y en a deux) et le code pin à 4 chiffres (qui ne se trouve ni imprimé ni encodé dans la carte) permettent les achats physiques.

Les méthodes qui permettent de récupérer des données de cartes sont :

- la mémorisation visuelle ;
- la divulgation des données par la victime elle-même suite à un *phishing* (mail frauduleux demandant de cliquer sur un lien qui aboutit souvent à un formulaire de saisie de données) ou à un *smishing* (phishing par SMS, comme pour *l'arnaque au faux colis*) ;
- le piratage de bases de données sur Internet, le plus souvent sur des sites de commerce en ligne ;

– le *skimming*, une méthode qui nécessite un accès physique à la carte d'origine et un équipement électronique spécifique.

Carding, skimming : des termes encore largement inconnus du grand public, mais des techniques dont chacun de nous peut être victime au quotidien.

6

Carding, skimming et… télé-pickpocketing

Que ce soit dans les rubriques *Financial services* des annuaires ou dans les résultats des moteurs de recherche spécifiques : les sites de carding pullulent. Et ce n'est pas une bonne nouvelle !

Il s'agit du secteur d'activité du Darknet qui a le plus de chances de concerner chacun d'entre nous, en touchant là où ça fait mal : au portefeuille !

En bonne place dans les catalogues de sites de carding généralistes ou des sites spécifiques de skimming : les différents types de… *skimmers*.

Ce sont des équipements qui permettent d'effectuer le *dump* (c'est-à-dire une extraction de données) d'une carte insérée physiquement dans un appareil usuel : TPE (terminal électronique de paiement) d'un commerce, automate de vente (essence, parking, boissons…) ou DAB (distributeur automatique de billets).

Deux produits se retrouvent partout : de petits boîtiers en plastique vert ou métalliques, copies conformes de ceux que chacun utilise régulièrement pour prendre de l'essence ou retirer de l'argent !

Associés à ces boîtiers, deux types d'équipements permettent d'enregistrer le code pin à 4 chiffres, qui ne figure pas parmi les données siphonnées par le skimmer. D'une part, le clavier avec circuit imprimé : c'est un *keylogger*, qui enregistre la saisie manuelle du code pin. D'autre part, la microcaméra intégrée dans un bandeau métallique et à fixer au-dessus du clavier.

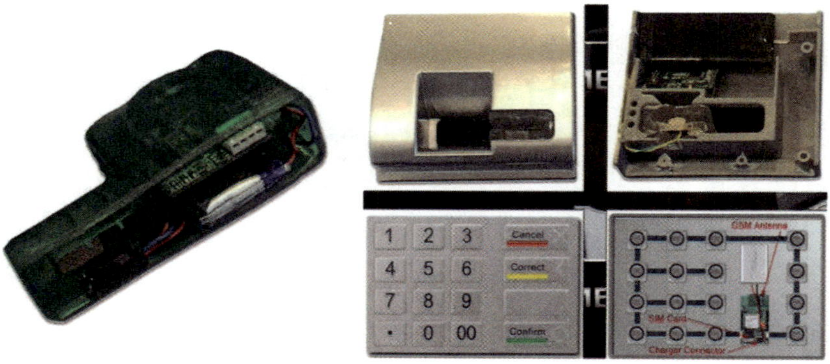

Figure 6.1 – Skimmers petit modèle.

Certains skimmers sont encore plus petits et plus discrets à installer, puisque ce sont de petites plaquettes électroniques à insérer dans l'ouverture d'origine. C'est grâce à ce type de matériels que de véritables professionnels exercent leur activité...

La police judiciaire de Nice a récemment interpellé un binôme de malfaiteurs des pays de l'Est qui écumait les DAB de la Côte d'Azur.

L'un était ingénieur en électronique, l'autre doué en tout ce qui concerne les réseaux et le Darknet. Ils avaient apporté tout le nécessaire : skimmer et microcaméra pour récupérer les données, matériel pour cloner des cartes et les embosser. Ils avaient loué un petit appartement dans le centre de Nice, à deux pas des transports en commun.

Chaque matin, ils quittaient vers 6 heures leur domicile, en bus ou tramway. Après avoir choisi un DAB, l'un installait le skimmer et la caméra pendant que l'autre faisait le guet. Ils communiquaient uniquement avec des portables jetables, qu'ils ne conservaient pas bien longtemps. Une fois l'installation réalisée, ils rentraient tranquillement chez eux.

Vers 13 heures, au moment où les gens sont en train de déjeuner, ils ressortaient pour récupérer leur butin : une cargaison de données de cartes bancaires et les codes pin associés. Le retrait de la plaque avec caméra et du skimmer ne leur prenait que quelques secondes.

Une fois chez eux, ils clonaient les cartes, une par une, tout en notant au dos de chacune son code pin. En fin d'après-midi, ils ressortaient pour retirer de l'argent et dévaliser des boutiques de luxe ou d'informatique. Leur manège bien rodé leur aura permis de récupérer des dizaines de milliers d'euros en nature et en liquide.

Nous avons pu les interpeller de bon matin, après de longues surveillances et un travail acharné sur la téléphonie.

Peu après, un autre groupe les a remplacés, s'attaquant cette fois-ci aux pompes automatiques des stations-service. Le mode opératoire était encore plus simple : il leur suffisait d'aller prendre de l'essence pour leur voiture et de profiter tranquillement du temps du plein pour installer skimmer et caméra sur la pompe.

Ils ont eu moins de chance que leurs prédécesseurs, un policier venu faire son plein ayant remarqué la plaque dans laquelle était intégrée la microcaméra. La surveillance mise en place a permis d'interpeller les aigrefins le soir même, au moment où ils venaient récupérer leur moisson de données. Leur profil, bien que moins technique, ne les empêchait pas d'être capables de graver des cartes bancaires et d'en profiter pour s'enrichir.

Comme leurs congénères, ils ont fini en prison.

Dans ces deux cas, les criminels étaient en possession d'une documentation abondante et d'un matériel d'encodage acheté sur le Darknet.

L'un d'eux était d'ailleurs en train de tenter de se procurer une façade complète de DAB, trafiquée de façon à permettre la capture des données de cartes bancaires. Ces façades complètes se déclinent en plusieurs modèles et sont fixées sur un automate existant. Il existe aussi, pour 1 600 dollars, des modèles autonomes complètement factices et posés au sol dans des lieux de passage… et qui ne délivrent bien sûr jamais de billets, affichant un message d'erreur à chaque tentative de retrait.

– On vient de voir dans ton récit qu'il y a toujours un *keylogger*, une microcaméra ou une surveillance visuelle pour enregistrer le code pin. Mais si on ne l'a pas, on peut quand même cloner une carte ?

– Oui, mais ça ne servirait à rien. Une carte physique n'est utile que pour des achats physiques ou les retraits… qui exigent tous deux le code pin.

– C'est logique ! Et pour cloner, alors ?

– Pour une utilisation dans un automate ou un DAB, l'encodage d'une carte vierge avec les informations de la seule bande magnétique suffira. Encodeurs et cartes vierges sont aussi en vente libre sur le Clearweb, parce qu'elles sont utilisées pour quantité d'usages tout à fait licites (clubs de sport, bibliothèques, hôtels, bureau, etc.). Mais les délinquants préfèrent se les procurer dans le Darkweb, pour rester discrets.

– Mais pour des achats en magasin, c'est impossible d'utiliser ces cartes blanches, à moins de vouloir être immédiatement repéré !

– Oui. Il sera nécessaire d'embosser, c'est-à-dire graver en relief, les données du verso : numéro de carte, nom, prénom, date de validité. Il faudra aussi imprimer le visuel de la banque et le CVV.

– Je vois qu'on trouve aussi la version prête à l'emploi. Regarde, ce vendeur met en scène son petit atelier du parfait cloneur : de quoi encoder les pistes magnétiques, embosser les cartes, imprimer les visuels. Il propose même la gravure du nom de son choix « en option gratuite ». C'est fou, une telle quantité de fausses cartes ! Je me demande si elles sont toutes valides...

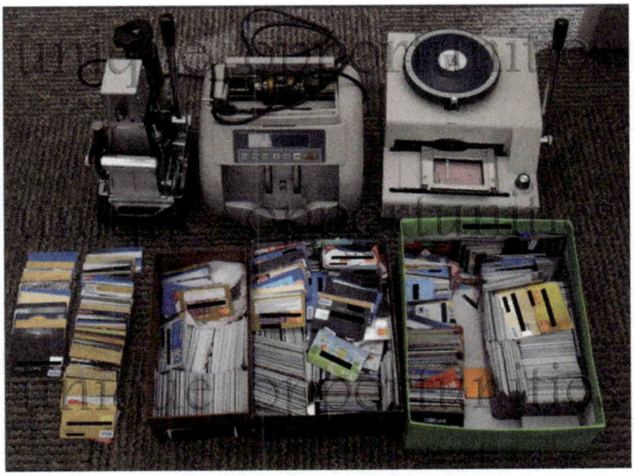

Figure 6.2 – Site de vente de cartes clonées.

POUR MÉMOIRE

Pour les cartes bancaires, dès que la fraude est découverte, le blocage des cartes originales entraîne celui des cartes clonées.

Les cartes prépayées, dont l'utilité première est de transformer de l'argent liquide en argent numérique, ne sont généralement pas adossées à un compte. Elles sont utilisables jusqu'à épuisement de leur solde.

Mais qu'il s'agisse de cartes bancaires ou de cartes prépayées, les cartes en vente sur le Darknet peuvent tout aussi bien être des cartes clonées après skimming que des cartes légitimes volées à leur propriétaire ou... de pures arnaques.

Dans notre exploration de ce monde merveilleux du carding et de l'argent facile, il reste à découvrir le dernier des trois protagonistes : le *télé-pickpocketing*.

Pierre explique :

– Cette fraude est un peu à part puisqu'elle implique deux opérations simultanées : la collecte de données et leur utilisation. Elle concerne exclusivement les cartes dites « sans contact ». Cette technologie, appelée NFC, permet les échanges à courte distance par ondes radio entre la puce RFID de la carte et un TPE, un terminal de paiement.

– Et donc, le télé-pickpocketing, c'est se faire piquer de l'argent sur sa carte quand on est serré dans le métro !

– Ça peut être aussi quand la carte est sortie par son utilisateur : règlement dans des magasins dès qu'il y a un peu de monde, retrait dans un distributeur avec des personnes qui attendent derrière soi. Le pirate peut utiliser soit un smartphone muni d'une application dédiée, soit un TPE mobile spécifique.

– En vente sur le Darknet, bien sûr… Ils sont en promo, aujourd'hui : 499 dollars au lieu de 840 dollars !

Figure 6.3 – TPE mobile de hacking de cartes sans contact.

Nous constaterons lors de notre exploration tous azimuts du Darknet que les différentes techniques commerciales utilisées – récolte de matières premières, renouvellement fréquent des produits, offres promotionnelles – sont universelles, quel que soit le produit commercialisé, du plus anodin au plus abject…

QUE FAIRE EN CAS D'USAGE FRAUDULEUX DE SA CARTE BANCAIRE ?

a) Vérifier très régulièrement ses comptes bancaires (au moins une fois par semaine) pour détecter une dépense inconnue. Les banques ne tirent la sonnette d'alarme que pour des montants très élevés ou des dépenses effectuées dans un autre pays.

b) Faire immédiatement opposition.

c) *Assurance Banque Épargne Info Service*[1] (plateforme d'informations bancaires dont l'un des acteurs est la Banque de France) précise les suites juridiques et financières pour les victimes de carding :

« En cas de détournement de votre carte, c'est-à-dire en cas de fraude ou de contrefaçon (votre carte bancaire est toujours physiquement en votre possession), votre responsabilité n'est pas engagée :

- si le paiement contesté a été effectué, à votre insu, en détournant l'instrument de paiement ou les données qui lui sont liées ;
- en cas de contrefaçon de la carte si au moment de l'opération contestée vous étiez en possession physique de celle-ci.

Votre banque doit rembourser immédiatement le montant de l'opération non autorisée et remettre votre compte dans l'état où il se serait trouvé si l'opération litigieuse n'avait pas eu lieu. Il n'est pas nécessaire d'avoir souscrit une assurance spécifique pour bénéficier de cette disposition légale.

En cas de désaccord, la charge de la preuve appartient à l'établissement de crédit. Pour refuser le remboursement, l'établissement doit démontrer la négligence grave de l'utilisateur de la carte dans la conservation de ses données bancaires. »

---

1. https://www.abe-infoservice.fr/evenement/quelle-est-ma-responsabilite-en-cas-de-perte-de-vol-ou-de-detournement-de-ma-carte-de-paiement.

7

Jackpotting

Si carding, skimming et télé-pickpocketing vident les comptes des particuliers, il existe une quatrième technique de vol en lien avec les distributeurs de billets qui dévalise cette fois-ci les agences bancaires elles-mêmes.

– Je sais, c'est le *jackpotting* ! J'ai lu des articles sur une vague d'attaques en milieu rural récemment.

– Exact. C'est un piratage des distributeurs qui entraîne l'éjection des billets – comme un bandit manchot au casino – mais sans toucher aux comptes des clients ; c'est une perte sèche pour la banque.

– Comment ça marche ?

– Il y a deux méthodes : l'une, dite « logique », permet de pirater le module de contrôle du distributeur en s'introduisant dans le réseau informatique de la banque – qui est en général relié par Internet à son distributeur – pour y installer et exécuter à distance un *malware*, un logiciel malveillant.

– Et l'autre ?

– L'autre technique est beaucoup plus fréquente et plus impressionnante, puisqu'il faut une certaine audace… et une perceuse !

Les offres de services dans le Darkweb sont parfois celles de hackers de haut niveau, qui tirent bénéfice de leurs compétences en les offrant contre rémunération à de simples exécutants sur le terrain.

Plusieurs affaires de jackpotting, au mode opératoire identique mais dans des zones géographiques très éloignées – Bretagne et Pays-de-la-Loire, Picardie, Alpes-Maritimes, région parisienne – ont conduit au mois de mars 2020 à l'ouverture d'une information judiciaire pour « participation à une association de malfaiteurs, vols en bande organisée, tentative de vols au préjudice d'établissements bancaires ».

Les investigations ont été menées par l'OCLCTIC[1] *sous l'autorité de la section de lutte contre la cybercriminalité du parquet de Paris, avec le concours des enquêteurs de terrain : la section de recherches de la gendarmerie de Rennes et la police judiciaire de Nice.*

Les voyous que nous avions réussi à repérer, agissaient – de nuit – sur des distributeurs de billets, en perçant la façade pour y introduire une clé USB fonctionnant en wifi ou un câble USB afin de connecter un ordinateur portable au système informatique de l'appareil. Ils faisaient ensuite cracher aux machines presque toute leur réserve de billets, jusqu'à plusieurs dizaines de milliers d'euros.

Un détail nous avait intrigués dans leur mode opératoire. Après avoir percé le DAB et réalisé la connexion, ils passaient leur temps à attendre, pendus au téléphone. On les voyait ensuite taper des codes sur le clavier du DAB, qui commençait alors à éjecter les billets.

Le véritable hacker agissait à distance, donnant ses instructions aux voleurs.

---

1. OCLCTIC : Office central de lutte contre la criminalité liée aux technologies de l'information et de la communication, rattaché à la Direction centrale de la police judiciaire.

Au moment de leur interpellation, nous avons pu vérifier que les malfrats suivaient un schéma précis : leur ordinateur, pourvu d'une connexion 4G, communiquait au moyen d'une messagerie cryptée avec le hacker qui, confortablement installé dans son bureau (très probablement dans un pays de l'Est) modifiait le système logiciel du DAB, l'obligeant à éjecter sa réserve de billets.

Après avoir récupéré l'argent, ses comparses en convertissaient ensuite une partie en bitcoins pour rémunérer leur lointain bienfaiteur, qu'ils avaient connu grâce à une petite annonce sur un forum du Darkweb.

D'autres exécutants ont été interpellés à Laval et à Colombes, originaires d'Europe de l'Est comme ceux de Nice. L'enquête révéla qu'il s'agissait d'une filière internationale russophone agissant dans toute l'Europe.

Pour pirater les DAB, les vendeurs du Darkweb proposent désormais des clés USB *bootables*, c'est-à-dire qui exécutent elles-mêmes le logiciel malveillant, sans nécessiter d'ordinateur.

Les organismes bancaires restent discrets sur ce type de fraude qui exploite les faiblesses de leur sécurité informatique. Ils s'emploient à l'optimiser et à mettre peu à peu à niveau leur parc de distributeurs, tandis que les malfaiteurs, de leur côté, travaillent à l'amélioration constante de cette technique de piratage.

L'éternelle lutte du gendarme et du voleur.

8

Les conciergeries du Darknet

Les situations précédentes mettaient en scène des victimes subissant passivement un préjudice exercé par des malfaiteurs. Mais, dans le Darknet, les techniques de hacking font aussi l'objet d'un véritable business, avec une offre de service florissante et des clients venant y recruter un prestataire.

Dans le monde physique, les conciergeries sont là pour vous décharger de toute corvée ou contrariété du quotidien.

Une des choses qui sautent aux yeux dès qu'on met le pied dans le Darkweb, c'est la quantité d'offres de services informatiques (en général malhonnêtes !). Et il y en existe beaucoup. Des groupements – parfois associés à des services de tueurs à gages – ou des indépendants, comme Vladimir et George :

Même type d'arguments marketing sur les différents sites :
– Pourquoi devrais-je engager un hacker ?
– Parce que si vous voulez vraiment un service de piratage, obtenir un mot de passe, espionner ou suivre une personne, changer vos notes universitaires, ou modifier le site web d'une entreprise ou quoi que ce soit, vous ne pouvez probablement pas le faire vous-même…

>

>

Pour cette raison, vous devez engager un pirate informatique. Une personne qualifiée qui, sans aucune perte de temps, va résoudre vos problèmes avec efficacité.
Quelqu'un comme *Pirate CRACKERS*, les meilleurs hackers du Darknet.

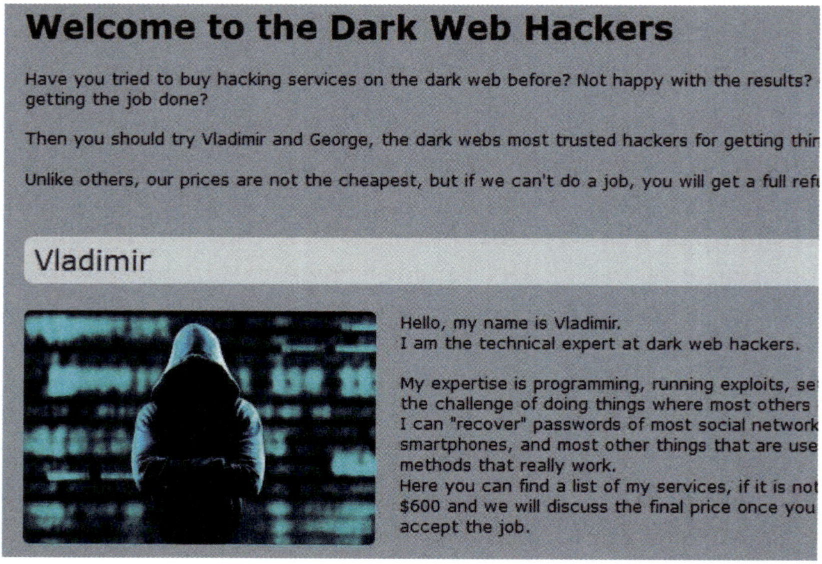

Figure 8.1 – Offre de « hacker à gages ».

Si les tarifs sont relativement élevés (300 à 2 000 euros), on ne dispose d'aucune garantie réelle sur les compétences de ces prestataires d'un nouveau genre.

Le marché est segmenté en deux secteurs, le particulier et l'entreprise.

En ce qui concerne l'offre en direction des particuliers, à peu près tout ce qui est imaginable sera proposé :
- hacker une boîte mail ou un compte de réseau social ;
- pirater un téléphone ;

– récupérer des informations personnelles et bancaires par phishing ;
– installer un *ransomware* (logiciel de rançonnage) pour exercer un chantage ;
– créer ou modifier des notes et des diplômes en accédant aux serveurs d'un lycée ou d'une université.

QUE FAIRE POUR ÉVITER LE PIRATAGE DE SES ADRESSES MAILS ?

Pour limiter les risques de piratage, il est préférable d'avoir plusieurs adresses de courriel, chacune destinée à un public spécifique : travail, famille/amis, achats, ainsi qu'une adresse-poubelle pour les sujets qu'on ne souhaite pas suivre.

Pour retenir le mot de passe associé, utiliser plutôt des *phrases de passe*, en lien avec des expressions qui vous correspondent profondément mais sans rien de connu d'autrui ; introduire une variable qui vous est propre (un symbole, un chiffre, une lettre, en évitant ce qui est trop évident comme @ pour la lettre *a*, par exemple).

On peut aussi utiliser un *gestionnaire de mots de passe* : une application qui conserve de façon sécurisée tous les mots de passe utilisés. Il faudra alors mémoriser un seul mot de passe, qu'on choisira complexe et qu'on changera souvent. Certains gestionnaires de mots de passe se sont déjà fait pirater, mais les mots de passe étant conservés sous forme chiffrée et non en clair, les risques sont raisonnablement limités.

Privilégier les messageries sécurisées qui proposent une double authentification : confirmation de toute modification par un SMS, par exemple. Et comme messagerie avec un excellent potentiel de sécurité et d'anonymat tout en restant facile d'utilisation, Protonmail (messagerie suisse) est une bonne option.

L'abondance d'offres de hacking est en elle-même suspecte. Un petit test s'impose.

Après avoir créé un faux profil avec une adresse sur Gmail, il est temps de mettre à l'épreuve ces prestataires d'un nouveau genre. La sélection est réalisée sur la base des commentaires de clients laissés sur les pages d'évaluation des forums.

L'affaire est conclue pour 80 euros.

La surveillance de la fausse boîte Gmail ne révèle rien pendant deux jours. Puis, plusieurs courriels arrivent coup sur coup.

Deux sont de simples phishings, correctement faits.

Un autre contient un lien vers un site infecté.

Le dernier est accompagné d'une pièce jointe que l'antivirus détecte comme étant un *troyen*[1].

Pas question de se laisser piéger par des manœuvres aussi basiques !

On attend. Plus rien.

Le lendemain, l'*escrow* (un tiers de confiance qui garde les fonds jusqu'à confirmation du service rendu, sur le modèle de PayPal) nous informe que le hacking ayant été réalisé il a procédé au virement. Contacté, le pirate reconnaîtra qu'il n'a pas réussi, mais qu'il nous avait prévenus. C'est vraiment décevant. Ce genre de technique basique ne mérite pas la qualification de hacking.

Les vrais hackers sont peu nombreux. Heureusement.

Beaucoup de ces sites sont soit des escroqueries, soit des propositions de hackers à la petite semaine. Et pour les *script kiddies*, ces *bébés-hackers* qui n'ont pas les compétences de leurs aînés, il suffira d'acheter un joli petit *ransomware* prêt à l'emploi. On en a vu en soldes, à 900 dollars au lieu de 1 800 dollars !

---

1. Troyen ou cheval de Troie : logiciel destiné à prendre le contrôle d'une machine et permettant donc d'y introduire d'autres logiciels.

Il existe cependant – plus profond dans le Darknet – des groupes de haut niveau, aux motivations diverses : hacktivistes[1] ou, le plus souvent, simples mercenaires se vendant au plus offrant.

Pour être admis, il faut réaliser soi-même un acte réel de piratage. Les épreuves sont difficiles et peu y arrivent. Le groupe donne une cible *en live* au candidat, par exemple un site de e-commerce. Dans le temps imparti, il faut pénétrer le serveur, y récupérer les bases de données clients ou les fichiers de cartes bancaires : tous les éléments que ces groupes ont l'habitude de dérober. Un autre test consiste à demander au candidat de rentrer discrètement dans le réseau d'une grosse entreprise et d'y installer un *troyen*, un logiciel avec une fonction cachée et qui sera par la suite utilisé pour commettre des actions criminelles d'envergure.

Il est extrêmement rare de parvenir à interpeller ces experts du côté obscur : ils prennent énormément de précautions et ont pour principe de ne jamais attaquer le pays où ils résident. Il n'est pas rare d'ailleurs qu'ils soudoient les policiers locaux.

Notre visite s'achève sur des sites proposant aux hackers des cours en ligne : la formation continue des hackers, en distanciel !

Figure 8.2 – Cours de hacking en ligne.

1. Hacktiviste : hacker mettant ses compétences techniques au service d'une cause qu'il défend.

9

Concurrence (très) déloyale

Parmi ces prestataires de services, certains ont compris qu'il était plus rentable de travailler avec moins de clients mais pour de plus gros contrats. Il nous est ainsi apparu, au cours de nos pérégrinations, que certains sites de hacking sont exclusivement dédiés au piratage des entreprises.

L'offre de service s'articule autour de deux axes : les services au bénéfice direct de l'entreprise et les services orientés contre une entreprise concurrente.

En ce qui concerne les services en faveur de l'entreprise commanditaire, il s'agira principalement de déclarations ou d'enregistrements frauduleux auprès d'organismes financiers et administratifs.

Les groupes structurés de hackers ou certains indépendants polyvalents proposent aussi des services de faussaire, pour établir notamment de fausses factures, qui sont indirectement une forme de concurrence déloyale puisqu'elles permettent une activité plus rentable en réduisant les charges : de fausses factures de fournisseurs, par exemple, permettent de minorer le bénéfice et donc de réduire le niveau d'imposition.

Bien sûr, tout artisan ou petit commerçant équipé d'un ordinateur et d'une imprimante peut réaliser lui-même de fausses factures basiques. Mais lorsqu'il s'agit de grosses structures ou de montants importants, un service de qualité, fournissant les divers justificatifs afférents, peut justifier le recours à un professionnel.

Les services ciblant une entreprise concurrente auront en général pour objectif de bloquer son activité ou bien d'en détourner la clientèle ou les marchés au profit de la société commanditaire. Les hackers à gages pourront ainsi :

– dérober des fichiers clients pour tenter de détourner la clientèle par des messages commerciaux ;
– voler des éléments de réponse à un appel d'offres pour emporter un marché ;
– faire de l'espionnage industriel et commercial, notamment par du piratage de boîtes mail ou du phishing ;
– défacer le site commercial de l'entreprise, c'est-à-dire remplacer sa page d'accueil par un message grotesque ou insultant.

Mais le service le plus prisé est l'attaque par DDoS[1]. Cela consiste à bombarder un site internet de milliers, voire de dizaines de milliers de demandes simultanées pour dépasser la capacité de traitement du serveur, entraîner le blocage de tout ce qu'il héberge et empêcher le traitement des demandes authentiques. Ce qui va, bien évidemment, nuire à la réputation de l'entreprise et, dans certains cas, amener la clientèle à se tourner vers un concurrent.

POUR MÉMOIRE

Certains hackers mettent en place des *botnets*, des réseaux de *machines zombies*.

Ces dernières sont des ordinateurs qui ont été infectés par un virus qui s'installe discrètement, sans provoquer

1. L'attaque *DoS* (*Denied of Service*) ou attaque « par déni de service ». On parle de *DDoS* (attaque « par déni de service distribué ») lorsqu'elle utilise plusieurs machines pour lancer ses attaques.

de changement en surface. Les victimes constatent des ralentissements agaçants, parfois même des blocages temporaires, mais rien de bien gênant. En réalité, le virus accapare une partie de la puissance du processeur et de la bande passante de chacune des machines infectées pour obéir aux ordres du hacker.

Quand les parcs atteignent plusieurs milliers d'unités, la puissance de nuisance des pirates devient redoutable et l'attaque extrêmement difficile à bloquer, car il faut identifier les serveurs de contrôle qui gèrent l'opération.

Les hackers à gages proposent des forfaits de location de leurs botnets modulés selon le nombre de machines utilisées, la durée de l'attaque et le niveau de protection de la cible : les tarifs vont de 15 dollars de l'heure contre un site peu protégé à plus de 300 dollars de l'heure pour des sites bancaires ou des sites gouvernementaux. Avec le plus souvent des tarifs dégressifs selon le nombre d'heures de location…

Sur un de ces sites de hacking, les pirates proposent même des démonstrations gratuites de leur savoir-faire.

La tentation est trop forte !

Pierre dispose d'un site non identifiable où il héberge quelques bricoles : des scripts et des blocs de code qu'il partage avec d'autres passionnés. Rien qui puisse porter à conséquence en cas de piratage, il peut donc l'utiliser comme cible à proposer aux hackers :

– Je leur ai demandé de mener une attaque DDoS pendant vingt minutes. Normalement, quand ça va démarrer, le site sera indisponible.

– Donc, on attend le signal de départ ?

– Eh oui…

Ça y est ! Tout à coup, l'attaque par déni de service distribué commence !

On surveille en temps réel. Des milliers de requêtes, des centaines d'adresses IP différentes. Le serveur d'hébergement se met en mode protection. Le site n'est plus accessible. Au bout de 20 minutes, l'attaque est terminée. On relance : le site est intact.

La débutante est déçue :

– C'est tout ? C'est ça, une attaque DDoS ?

– Oui, c'est génial, non ? Le but, c'est d'empêcher le fonctionnement normal d'un site web en le saturant. Avec une action de ce type, si elle est bien dimensionnée, tu peux perturber presque tous les serveurs[1]. Les gros hébergeurs sont relativement protégés de ce type d'attaque, mais parfois ça ne suffit pas.

– Donc, ce sont de vrais hackers, ceux-là ?

– En tout cas, ils ont un parc de machines zombies qu'ils savent programmer. Donc là, on a affaire à des gens qui ont un bon niveau.

– Ça arrive souvent ?

– Fréquemment, oui. En général, il s'agit de concurrents qui essaient de faire planter leurs adversaires au pire moment de l'année. Mais il peut aussi s'agir d'actes de vengeance. Mais ce n'est pas sans risques pour le commanditaire : il peut avoir été piégé (dans les pays où c'est autorisé) par des membres des forces de l'ordre ou subir un chantage de la part des hackers qu'il a employés et qui le menacent de tout révéler à sa cible…

Hacke-moi si tu peux

Il y a quelque temps, une très grosse boîte informatique niçoise a été victime d'un important déni de service pendant plusieurs

1. Serveur : très schématiquement, ordinateur possédant la puissance et les paramétrages nécessaires pour permettre des échanges entre plusieurs ordinateurs ou périphériques. Le serveur peut se trouver dans les locaux de l'entreprise qui l'utilise ou dans un centre dédié appartenant à un hébergeur.

jours. La perte de chiffre d'affaires s'est très vite chiffrée en centaines de milliers d'euros.

Un hacker a revendiqué l'attaque, se vantant de pouvoir les mettre à genoux. C'était un client qui détestait la nouvelle interface du site ainsi que le changement des fonctionnalités...

Malheureusement pour lui, les analyses des serveurs, des logs[1] *et les croisements des fichiers clients m'ont permis de l'identifier et de le localiser.*

Il a été interpellé et, confronté aux preuves, a fini par reconnaître les faits. Il s'agissait en fait d'un gamin à peine majeur. À mi-chemin entre le script kiddie[2] *et le codeur de haut niveau. Son matériel était réduit à sa plus simple expression : un micro, une antenne, un disque dur externe et du stockage en ligne. Il n'avait jamais gagné d'argent avec ses actions. Il tirait uniquement sa fierté de sa réputation parmi ses pairs du Darknet et du Clearweb.*

Il a été condamné à une peine de prison avec sursis et une amende conséquente.

Toutes les attaques dirigées contre des entreprises ne viennent pas forcément d'une société concurrente : elles peuvent être l'œuvre d'un hacker ou d'un groupe de hackers agissant pour leur propre compte. En ce cas, les actions privilégiées sont celles qui rapportent le plus : le vol et la revente de données et les *ransomwares* (les logiciels de rançonnage), comme nous l'avons vu précédemment.

Enfin, certains sites de hacking sont en fait dirigés par des services secrets. Les dirigeants et responsables informatique de toute entreprise faisant partie d'un secteur sensible ou à haute

---

1. *Log* : journal horodaté des opérations sur un matériel informatique.
2. *Script kiddie* : hacker néophyte, aux compétences limitées, qui utilise des morceaux de code écrits par d'autres.

valeur technologique doivent garder à l'esprit que leur interlocuteur peut être n'importe qui et se trouver aussi bien à Fort George G. Meade (NSA) qu'à Shanghai (Unité 61398) ou à Moscou (ATP29).

Tous les pays ont des unités spécifiques dédiées à l'espionnage et à l'infiltration de la Toile. Les effectifs réels sont secrets mais, officiellement, la NSA[1] emploie des dizaines de milliers d'agents ; en Chine, il y aurait près de 130 000 hackers d'État ; en Corée du Nord, des milliers ; en Russie probablement des dizaines de milliers et peut-être les meilleurs.

La France est elle aussi extrêmement discrète sur le sujet mais des rumeurs persistantes dans le monde du renseignement (et dans le Darknet) laissent à penser que nous n'avons pas à rougir de notre capacité en la matière.

1. NSA (*National Security Agency*) : agence de renseignement américaine dépendant du département de la Défense. Elle est notamment en charge de la surveillance d'Internet et des communications électromagnétiques (par ondes) ainsi que de la sécurité informatique du gouvernement fédéral.

10

Nous sommes tous des cibles !

Dernière étape de ce tour d'horizon des champs du hacking commercial : le vol de données personnelles et l'extorsion de fonds.

Notre point de chute : un site de revente de données réputé. Pierre utilise le profil d'un ancien hacker.

Parmi des centaines d'offres, nous sélectionnons celle, dans l'air du temps, d'un fichier de personnes récemment vaccinées : « 1 499 numéros de Sécurité sociale avec [nom ; prénom ; date ; numsec ; mail ; date vac ; type vac ; no vac ; ville] !! Idéal phishing bancaire ciblé. »

Le prix donné par le vendeur est en bitcoins ; il correspond à environ 200 euros. Comme il est d'usage et pour donner la preuve qu'ils possèdent bien un fichier réel, les vendeurs publient quelques données en clair.

Voici un de ces 1 499 profils (anonymisé par nos soins) : « Txxxx ; Michel ; 12/09/50 ; 1/50/09/xx/xxxxxx(xx) ; xx@xxx.com ; 20/03 ; Pf ; 1 ; Melun ».

Le prix de vente semble dérisoire pour qui découvre ce trafic :

– 200 euros pour 1 500 lots, ça revient à 13 centimes le profil. Ce n'est pas grand-chose.

– Il peut mettre le fichier en vente tout en continuant à l'utiliser en personne : double bénéfice ! Il existe même des *courtiers en données* qui achètent et revendent les datas. C'est un produit intéressant car immatériel : elles peuvent donc être vendues en même temps à plusieurs acquéreurs et plusieurs fois de suite jusqu'à ce qu'elles aient perdu trop de valeur.

– OK, imaginons que je l'achète et que je veuille m'en servir, comment ça marche ?

– Tu crées une page web imitant celle de la Sécurité sociale, permettant d'enregistrer les coordonnées bancaires. Ensuite, tu envoies un mail imitant ceux de la Sécurité sociale, en te servant des données achetées pour le rendre crédible.

– Où peut être le bénéfice ?

– Par exemple, tu informes M. Tartempion Michel – numéro de sécu 1/50/09/XX/XXXXXX – que, suite à sa première injection du 20 mars à Melun, il a droit à un remboursement de 45 euros de frais de déplacement.

– Et j'insère dans le mail un lien vers mon faux site !

– Voilà ! Sachant que les premiers à avoir été vaccinés faisaient partie des générations les plus âgées – donc moins vigilantes dans l'ensemble –, sur les 1 499 mails envoyés, il y a de fortes chances qu'au moins la moitié d'entre eux rentrent leurs coordonnées bancaires complètes. Donc, environ 700 numéros de carte bancaire à utiliser directement ou à revendre : ça représente un pactole de plusieurs dizaines de milliers d'euros !

Tout récemment, j'ai eu à traiter une affaire de ce type : le vol de quelques-unes des bases de données d'un laboratoire d'analyses médicales.

Les fichiers dérobés contenaient les coordonnées personnelles des patients, leur numéro de Sécurité sociale ainsi que les ordonnances qu'ils avaient remises au laboratoire. Mais pas les résultats des analyses. Ces données ne suffisaient donc pas pour exercer un chantage, mais représentaient une valeur suffisante pour être mises en vente dans le Darkweb par le hacker. Ironie de l'histoire : il s'était lui-même fait voler ces fichiers par d'autres hackers ! Ceux-ci les avaient aussi mis en vente sur leurs propres sites.

Un fichier de ce type a plusieurs utilisations possibles, dont le détournement de cartes bancaires.

Ici, les victimes auraient probablement reçu un mail, prétendument envoyé par leur laboratoire d'analyses habituel et comportant leurs coordonnées personnelles. Le phishing pouvait alors se mettre en place avec un lien sur lequel cliquer pour saisir ses coordonnées de carte bancaire, sous prétexte d'une facture à régler ou du remboursement d'un trop-perçu fictif.

Nous reprenons notre déambulation dans les différents secteurs de cette curieuse foire aux données : le choix qui s'offre à nous semble infini. Des informations nominatives d'ordre familial, intime ou professionnel ; des numéros de téléphone et adresses de courriel ; des coordonnées bancaires. Toutes récentes ou mises à jour.

Les prix sont variables, de quelques euros à plus de 1 500 euros pour un phishing de 7 000 noms avec coordonnées bancaires valides.

Nous contactons le vendeur de ce fichier et lui demandons une preuve de la validité des données. Grâce à notre profil usurpé, qui met le vendeur en confiance, nous obtenons deux des identifiants complets. Ils sont opérationnels et donnent accès aux comptes bancaires et aux cartes associées avec leur cryptogramme !

Devant la facilité avec laquelle nous avons pu récupérer ces données, c'est le policier qui est sollicité :

– C'est quand même effrayant d'imaginer que ces gens sont des victimes en puissance, sans le savoir. Il n'y a pas moyen de les avertir ?

– Il faudrait acheter le fichier, puis leur adresser un courriel d'avertissement. Mais il faudrait avant tout que les gens cessent de cliquer sur n'importe quel lien ! 90 % des vols de données relèvent d'opérations de phishing. Ce que je peux faire, par contre, c'est informer la banque pour qu'elle avertisse ses clients. Et qu'elle se conforme à ses obligations légales.

POUR MÉMOIRE

Le RGPD (règlement général sur la protection des données) – application nationale d'une directive européenne – définit de façon très claire les obligations légales des détenteurs de fichiers contenant des données personnelles.

Mais de nombreuses entreprises préfèrent réaliser des profits à court terme plutôt que de se protéger, ce qui est un triple mauvais calcul :

- les amendes sont parfois colossales puisqu'elles sont calculées sur le chiffre d'affaires global ;
- les dirigeants de ces sociétés risquent de se retrouver accusés par des victimes impactées par ces fuites puisque, dans le secteur privé, c'est le dirigeant qui est responsable pénalement et donc susceptible de faire de la prison ;
- les conséquences pour l'entreprise peuvent être lourdes sur le long terme : les hackers profitent souvent d'une première intrusion dans les serveurs pour les infecter, en vue d'opérations ultérieures d'espionnage ou de nouveau vol de données, pour ensuite se livrer à du chantage. Soit 4 niveaux successifs d'attaque…

On trouve dans le Clearweb des services de veille qui traquent en permanence, notamment sur le Darkweb, les données qui auraient fuité concernant leurs clients.

Le secteur public, lui, manque souvent des moyens nécessaires pour investir dans ce domaine qui nécessite équipement, outils logiciels et formation des personnels.

Et en matière de données médicales, il existe en outre une réglementation particulière encore plus contraignante, qui impose le chiffrement des données.

En effet, lorsque les données médicales volées sont sensibles (diagnostics, traitements préconisés, avis médicaux), des groupes de criminels n'hésitent pas à faire chanter les établissements dépositaires de ces données. Malheureusement, certains d'entre eux paient la rançon pour éviter une mauvaise publicité ou des poursuites judiciaires. Mais ils se retrouvent alors, souvent, otages des pirates, qui n'hésiteront pas à réclamer ensuite une nouvelle rançon. Quand ces établissements refusent de céder au chantage, il peut arriver que les maîtres-chanteurs s'attaquent alors directement aux malades.

J'ai eu ce cas de figure avec une autre grosse société d'analyses médicales.

Devant son refus de payer la rançon demandée, le groupe criminel avait alors contacté directement les patients, les menaçant de diffuser les résultats de leurs examens médicaux sur Facebook, LinkedIn, etc. Les hackers en avaient informé le labo, en leur donnant comme preuve le lien vers le site du Darkweb où ils affichaient les données dérobées.

Mon équipe a contacté toutes les victimes pour leur expliquer quoi faire (signalement auprès des réseaux sociaux en question et blocage volontaire de leurs comptes). Mais certains m'ont avoué avoir payé plutôt que de voir leurs pathologies exposées au grand jour.

QUE FAIRE CONTRE LES ATTAQUES PAR RANÇONGICIEL (*RANSOMWARE*) ?

Ces logiciels malveillants sont utilisés pour extorquer des fonds après avoir dérobé des données ou paralysé un établissement privé ou public en chiffrant ses données ou en en bloquant l'accès.

En France, beaucoup d'établissements préfèrent payer les rançons : dans le secteur de la santé, pour éviter le blocage d'équipements médicaux vitaux ; dans le domaine commercial, pour réduire l'interruption de service et rester concurrentiel. Mais c'est aussi à cause du développement des assurances contre le cyber-risque, qui garantissent les rançons[1]. (Il existe même des « négociateurs de rançon » qui se rémunèrent par une commission sur les sommes économisées ; certains ont même leurs entrées dans le Darknet et au sein des groupes de pirates.)

Mais payer une rançon, c'est prendre le risque d'alimenter les mafias ou organisations terroristes et encourager les criminels à poursuivre et à étendre leur activité.

Pour se préserver de ces demandes de rançon associées à un cryptovirus (virus de chiffrement des données), il existe trois axes de prévention à associer :

- protection technique contre les intrusions : système d'exploitation à jour, antivirus et utilisation d'un compte *Utilisateur* et non pas *Administrateur* (qui autorise tous les accès) ;
- protection comportementale au niveau des usagers : la plupart du temps, les victimes sont infectées après avoir cliqué sur un lien proposé dans un mail ou sur une pièce jointe ;

1. https://www.bfmtv.com/economie/entreprises/pourquoi-les-assureurs-pourraient-arreter-de-couvrir-le-risque-des-rancongiciels-subis-par-les-entreprises_AN-202105060007.html.

- protection des données : réaliser des sauvegardes régulières sur un support physique externe d'une capacité adaptée (disque dur externe, clé USB, carte mémoire SD, disque SSD...). La sauvegarde sur un service de cloud utilise une connexion Internet et n'est donc pas à l'abri d'un piratage.

Le phénomène ne cesse de s'amplifier. Les groupes de pirates se professionnalisent et ils n'hésitent pas à collaborer entre eux, se revendant des informations ou travaillant de concert.

La lutte des services d'enquête est particulièrement longue et difficile, mais elle commence à porter ses fruits, grâce – ici aussi – à une collaboration efficace entre services d'enquête à l'échelle européenne et internationale.

Preuve en a été faite avec la neutralisation de deux *malwares* (logiciels malfaisants) mis en œuvre par deux des principaux groupes de cryptohackers opérant à partir du Darknet : *Emotet* et *Egregor*.

Emotet était à l'origine un *cheval de Troie*[1] bancaire particulièrement dangereux (car polymorphe donc quasi impossible à repérer par les antivirus), principalement propagé par phishing. Initialement utilisé pour du vol de données bancaires, il a été complété par des fonctions de prise de main à distance, de démarrage de caméra et de cryptovirus (des logiciels de chiffrement des données), utilisés pour demander une rançon.

Emotet a été neutralisé en janvier 2021, les serveurs qui l'hébergeaient ayant été désactivés lors d'une opération Europol particulièrement complexe, menée dans une dizaine de pays avec la coopération de plusieurs forces de police. La réussite de cette opération a nécessité des dizaines de milliers d'heures

1. Cheval de Troie ou troyen : logiciel destiné à prendre le contrôle d'une machine et permettant donc d'y introduire d'autres logiciels.

d'enquête, d'analyse, de traçage. Un nombre incalculable d'entreprises, d'artisans, de particuliers et d'administrations étaient infectés dans le monde entier.

Mais rien ne dit qu'une nouvelle version d'*Emotet* ne réapparaîtra pas un jour.

On a eu le même schéma avec *Egregor*, un des pires rançongiciels (des logiciels de cryptage associés à une demande de rançon) récents, mis en œuvre par le groupe de hackers du même nom. Après une enquête approfondie menée par la SDLC[1] à Paris, en collaboration avec Europol et le FBI, une partie du groupe a été interpellée en février 2021 en Ukraine.

Les criminels n'ont pas encore compris comment les services de police étaient remontés jusqu'à eux... et c'est une bonne chose ! Les forces de police, en France comme à l'international, ont à la fois les bonnes stratégies et les compétences pour y arriver.

Comme souvent, les malfrats ont sous-estimé l'adversaire et n'ont pas été suffisamment prudents, suffisamment méfiants.

1. SDLC : sous-direction de la lutte contre la cybercriminalité.

11

Plutôt… Haendel ou country ?

Après l'exploration de ces premiers territoires un peu arides, une pause serait la bienvenue. Pourquoi pas un peu de musique ?

– C'est vite vu : dans la rubrique *Audio – Music / Stream* des *Hidden Wikis*, aucune production musicale ! Moi qui pensais trouver des artistes underground, profitant de cette totale liberté d'expression, sans risque de censure ni de poursuites judiciaires, donc sans aucune autocensure… S'il y en a, ils sont bien cachés.

– C'est justement parce que, dans certains pays, le danger est réel. Et que le Darknet lui-même n'offre pas une protection absolue, surtout face à des États déterminés à étouffer tout mouvement de protestation.

– Oui, certains ont fini en prison. Ou ont perdu la vie après un « jeûne de la mort » de protestation[1]. Ce sont des musiciens de cette trempe que je pensais trouver…

– Peut-être dans des secteurs moins visibles du Darkweb, avec un accès restreint.

– On va peut-être trouver quelque chose là-dessus : *Deepweb Radio*. C'est un portail qui est répertorié dans tous les annuaires.

Nous faisons dérouler le menu des 13 stations et voici… *BaroqueRadio* :

1. Groupe turc Grup Yorum, dont deux membres sont décédés en 2020.

Deep Web Radio « Stream » /BaroqueRadio

Stream Title:	🏛· Caput Mundi
Stream Description:	MMLXXXIV - Ultimus Vir in Europe cultura pugnat
Content Type:	audio/mpeg
Bitrate:	96
Current Listeners:	1
Peak Listeners:	5
Stream Genre:	Barocco
Stream URL:	**http://76qugh5bey5gum7l.onion/BaroqueRadio**
Current Song:	Bach-BWV_0_244-20.Ich_will_bei_meinem_Jesu_wachen(Arie)

Figure 11 – Station diffusant de la musique baroque.

Un aria de Bach : « Je veillerai près de mon Jésus ». Très inattendu…

Deux stations plus loin, un tout autre style : *DeepBanjo*, qui diffuse de la country, du folk et du bluegrass.

Le descriptif de la station est un programme à lui tout seul : « *Driving a VW Beetle in the Deepweb* » (« Au volant d'une Coccinelle VW dans le Deepweb »).

Mais pourquoi diffuser de la musique baroque et du bluegrass dans le Darkweb ?

C'est que le libre accès à la musique – même si elle n'a rien de contestataire – n'est pas universel.

Il existe des pays, comme l'Afghanistan, où la musique est totalement bannie, pour des raisons religieuses.

Ailleurs, cet interdit ne s'applique qu'à certains types de musique, jugés contraires à la morale (comme l'était – pour les nazis – le jazz, « musique de dégénérés ») ou taxés d'occidentalisme. Ici, tous les styles de musique sont représentés, sans hiérarchie de valeur : pop, rock, lounge, techno…

Du coup, on se fait une petite session *Hard & Heavy*.

Nous n'avons plus écouté de hard rock depuis le lycée. Et si curieux que cela puisse paraître, ce soir, *Highway to Hell* est notre madeleine de Proust.

Autoroute vers l'enfer.

Nous étions loin du compte…

PARTIE II

VIOLENCE

Dans l'imaginaire collectif, la violence est consubstantielle au Darknet. Notre enquête révélera que, si c'est une réalité, cette violence peut prendre des formes bien différentes des salles de torture en direct souvent citées. Les agressions tarifées, la haine de l'autre, l'exploitation sexuelle et le terrorisme en sont autant de déclinaisons, au-delà des clichés et des stéréotypes.

12

Tueurs à gages… contrats à risque

Cela nous amuse chaque fois, mais dès qu'on évoque le Darknet, la première question de nos interlocuteurs – quels qu'en soient l'âge, le sexe ou le métier – est invariablement : alors-et-les-tueurs-à-gages-est-ce-que-vous-allez-en-parler-il-paraît-qu-il-y-en-a-plein-dans-le-Darknet-et-c-est-vrai-qu-on-peut-en-recruter-super-facilement-si-un-jour-on-en-a-besoin ?

Il est donc temps d'aller débusquer les tueurs du Darkweb et de se renseigner sur les critères de choix d'un vrai professionnel ainsi que sur les tarifs pratiqués.

Nos *Hidden Wikis* habituels sont des services modérés et ils exercent une censure sur les liens proposés : rien à attendre de ce côté-là.

Passons aux moteurs de recherche. Comme d'habitude, les résultats avec un mot clé en français sont plus que décevants : aucune occurrence. Le terme anglais, *hitman*, fonctionne mieux – 73 résultats, dont :

– Hire a Hitman – Hitmen to rent
– Hydra Hitmen – Hitman Connect

>

– Besa Mafia – 18th Street Gang – Sicilian Hitmen International Network

Notons au passage, dans ces appellations, les références très cinématographiques au monde des gangs et de la mafia !

Il apparaît rapidement que tout *hitman* qui se respecte doit proposer – en sus du banal assassinat – tout un éventail de services d'atteinte physique aux personnes. Un bon moyen d'attirer une clientèle plus large, au-delà de ce slogan magistral : « Ne laissez pas votre rival vous tuer… louez un tueur à gages ! »

Voici la traduction d'une grille tarifaire, en anglais sur le site commercial, excepté une sentence latine placée à la suite des tarifs : *mort et destruction*… Les aspirants héritiers au cœur tendre pourront néanmoins passer commande d'un assassinat par empoisonnement SANS souffrances avec un petit supplément de 2 000 dollars !

ASSASSINATS	DÉTRUIRE UNE VIE	AUTRES
arme à feu : 15 000 $	attaque à l'acide : 4 000 $	torture : 20 000 $
couteau : 22 000 $	défigurer : 3 000 $	viol : 2 000 $
poison : 40 000 $	rendre infirme : 10 000 $	tabasser : 2 000 $
poison indolore : 42 000 $	rendre aveugle : 11 000 $	effrayer : 1 000 $
	castration : 30 000 $	torture à mort : 50 000 $

Le tarif pour accuser à tort varie en fonction de vos intentions.

mortem et interitum

>

Il existe très peu de cas documentés et prouvés de façon formelle. L'affaire qui suit en fait partie et a été commentée dans quelques articles de journaux, mais Pierre en a eu un récit de première main...

Dans le cadre d'une opération de coopération internationale, j'ai été amené à rencontrer une de mes homologues cyber russe, passionnée par les affaires liées au Darknet.

Nous abordons le sujet des sites de tueurs à gages et elle me raconte, avec émotion, que leurs services ont justement arrêté deux hommes impliqués dans l'assassinat d'une femme officier de police à Moscou et que l'enquête avait démontré l'existence de liens étroits entre cette exécution et le Darknet.

Les traces numériques laissées par le tueur, entre autres lors de ses déplacements en covoiturage, ont permis, quelques mois plus tard, de l'identifier et de l'interpeller, ainsi qu'un complice. Il a alors été possible d'établir la chronologie des faits.

Le tueur, un étudiant en médecine de 19 ans nommé Abdulazizov, et son ami X, mineur au moment des faits, habitent à Saint-Pétersbourg. Le recrutement s'est déroulé sur le forum Hydra, *un des principaux marchés du Darknet de services illégaux et de vente de drogue en Russie. Le mineur, qui avait posté une petite annonce pour un emploi « bien rémunéré » avait été contacté par le commanditaire du crime dont le pseudo était Miguel Morales (nom d'un ancien baron de la drogue mexicain). Il avait utilisé la messagerie* Telegram *(cryptée et anonyme) pour régler tous les détails du crime et versé l'équivalent d'environ 10 000 euros à son contact pour commettre le meurtre.*

X a servi d'intermédiaire entre Morales et Abdulazizov, qui a parcouru les quelque sept cents kilomètres de Saint-Pétersbourg à Moscou en utilisant un service de covoiturage. C'est encore X qui guidera le tueur en utilisant Telegram *pour lui fournir la géolocalisation de sa victime.*

Abdulazizov a froidement abattu l'officier de police par-

derrière, de deux balles dans la tête, au moment où elle entrait dans sa voiture.

L'enquête révéla que les activités du commanditaire faisaient l'objet d'une enquête dirigée par la femme officier assassinée. Mais il ne sera jamais identifié.

Les deux hommes ont partagé l'argent du crime, 4 000 pour le mineur, 6 000 pour l'exécutant. Après les faits, les deux jeunes gens avaient recommencé à vivre tranquillement, jusqu'à leur arrestation.

Je reste pensif : deux apprentis tueurs, qui n'hésitent pas à abattre une policière de haut rang. Ma collègue est persuadée que les vrais tueurs à gages, eux, ne se font pas prendre.

Possible. Probable.

Si la plupart des sites d'annonces de hitmen sont des escroqueries, je reste persuadé que certaines de ces offres sont réelles. Mais que la discrétion est le meilleur atout pour poursuivre ce type d'activité…

Ce qui fait parfois les gros titres des journaux en revanche, ce sont des cas de *tentatives* de recrutement d'un tueur à gages à partir de sites spécialisés : « Chris Monteiro, un Londonien passionné par le sujet, a réussi à hacker certains de ces sites sur lesquels il a découvert 283 personnes ayant déjà payé pour commanditer un assassinat[1] » ; neuf seront ensuite arrêtées.

En 2018, aux États-Unis, une chaîne de télévision informe les services de police d'une petite ville de Géorgie qu'un habitant de leur secteur aurait fait appel à un service de tueurs à gages dans le Darkweb. Après enquête, ils identifient une femme de 33 ans qui avait versé 12 000 dollars en bitcoins au Sicilian Hitmen International Network pour faire éliminer la femme de son amant. Pour ce cas, sans victime et avec un tueur présumé qui avait certes encaissé le montant du contrat

1. https://korii.slate.fr/tech/engager-tueur-gages-dark-web.

mais sans passer à l'action, la commanditaire sera condamnée à 12 ans de prison, dont 10 ans ferme[1].

En février 2021, un étudiant tchadien résidant à Nancy est interpellé après avoir tenté de recruter sur le Darknet des tueurs à gages. Il avait le projet de faire assassiner son ancienne petite amie ainsi que son nouveau compagnon, avec qui elle l'avait trompé. Jugé en comparution immédiate, il sera condamné pour « instigation à l'assassinat, non suivie d'effet » à 4 ans de prison, dont 2 avec un sursis probatoire[2].

Une peine bien moindre que les 12 ans de prison infligés en juillet 2020 à une Américaine de 51 ans qui avait voulu commanditer le meurtre de son ex-mari, pour la modique somme de 5 000 dollars[3]. Petite nuance cependant : le site, trouvé sur le Clearweb et parfaitement accessible – ce qui aurait dû lui mettre la puce à l'oreille – était un site parodique ! Rent-a-Hitman[4] s'est empressé, comme il le fait pour chaque cas de contact sérieux, de faire un signalement aux forces de police, craignant que Wendy ne finisse par passer à l'acte elle-même.

Certains sites de tueurs à gages ne sont ni parodiques ni criminels : il s'agit de *honey pots*[5], parfois mis en place par des forces de l'ordre sous couverture, comme ce fut le cas dans l'affaire Ross Ulbricht, l'administrateur du célèbre site

1. https://www.dupageco.org/States_Attorney/States_Attorney_News/2019/61299/.

2. Sud-Ouest.fr avec AFP, 7 février 2021, consulté sur https://www.sudouest.fr/faits-divers/deux-ans-de-prison-a-nancy-pour-avoir-cherche-a-faire-tuer-son-ex-via-le-darknet-1233772.php.

3. https://www.capital.fr/economie-politique/elle-recrute-un-tueur-a-gage-sur-internet-mais-est-denoncee-par-le-site-1376345.

4. https://rentahitman.com/.

5. *Honey pot* (« pot de miel ») : sites factices destinés à attirer les délinquants. Cette stratégie policière dite « de provocation » n'est pas autorisée en France.

marchand *Silk Road*, fermé en 2013 par le FBI. Pour protéger le secret de son site, le jeune homme aurait commandité plusieurs assassinats de membres de son entourage, dont l'un auprès d'un soi-disant tueur à gages… qui s'est révélé être un agent fédéral, lequel a ensuite transmis à Ross Ulbricht des photomontages lui laissant croire que son collaborateur avait bel et bien été assassiné.

L'accès à ces différents services de *hitmen* se révèle très simple. Trop simple. L'assassinat et la complicité d'assassinat sont passibles de telles peines que de semblables offres de service ne peuvent être directement accessibles au premier venu. Et les malfrats qui ont besoin d'éliminer un rival ou un traître ont leurs propres réseaux d'hommes de main et ne vont pas s'amuser à embaucher un parfait inconnu !

Il ne reste donc comme clients potentiels que des personnes souhaitant éliminer ou molester leur prochain (conjoint, rival amoureux, concurrent) mais n'ayant pas les compétences et la détermination nécessaire pour s'en charger eux-mêmes. Ni d'accointances avec le milieu pour connaître personnellement un homme de main. La proie rêvée pour les escrocs de tout poil.

CAFÉ PHILO

Ces tueurs à gages d'opérette ne sont pour moi que des marchands de rêves : rêve de toute-puissance, rêve du droit de vie et de mort sur son prochain.

Mais à y réfléchir, des pans entiers du Darknet sont des attrape-rêves : rêve de l'argent facile, rêve d'une sexualité débridée sans tabou aucun, rêve de paradis artificiels à portée de main, rêve d'une hyperconsommation de produits de luxe.

Le Darknet est bien un miroir grossissant de notre société…

A priori, la majorité de ces sites relèvent donc probablement de l'escroquerie pure et simple, grâce à trois paramètres :

- la grande facilité d'ouvrir une *marketplace* (un site marchand) dans le Darkweb et d'y publier une offre de services plus ou moins convaincante ;
- une gestion intelligente de l'écueil que pourrait constituer la production de photos de meurtres… alors qu'on ne tue personne. La majorité des sites ne présentent pas de photos prouvant les exactions – pour éviter de se faire repérer par les forces de l'ordre – et se contentent de photos de faits divers. D'autres vont plus loin dans la manipulation, comme l'atteste ce message d'un administrateur du site *Mesa Mafia* à une vidéaste : « J'ai besoin de vidéos qui prouvent que le site est vrai, mais SANS tuer personne[1] » ;
- l'absence de rubriques de notation et d'évaluation, contrairement aux autres types de sites marchands. Certains répertoires de liens commencent à signaler les sites identifiés comme des arnaques en ajoutant la mention *Scam*. Mais aucun n'a encore reçu le label *Verified* !

POUR MÉMOIRE

Quel est donc le modèle économique de ces sites ? Il peut y avoir plusieurs types d'escroquerie, selon le mode de paiement.

Si une avance sur mission est demandée : c'est l'escroquerie basique, l'acompte est empoché sans autre forme de procès. Et sans risque de procès, non plus !

S'il n'y a pas d'avance en cash demandée, mais un service d'*escrow* (un tiers de confiance qui garde les fonds

1. https://korii.slate.fr/tech/engager-tueur-gages-dark-web.

jusqu'à confirmation du service rendu, sur le modèle de PayPal) : il n'y a aucune garantie que cet intermédiaire ne soit pas complice. Dans le Darknet il n'y a pas d'homologation ni de service de répression des fraudes !

Et s'il n'y a ni avance ni *escrow*, l'aigrefin devra enfiler sa casquette de maître-chanteur et viser le moyen terme, avec un taux de réussite moindre : avec toutes les informations livrées sur la victime et le projet d'assassinat, le malfaiteur pourra aisément monnayer son silence.

Comment ne pas évoquer ici le fameux guide pratique *Hit Man : A Technical Manual for Independant Contractors*[1] ? Cet ouvrage de 1983 sera interdit à la vente dix ans plus tard à la suite d'un triple meurtre dont l'auteur avait déclaré avoir suivi 22 des 26 étapes du manuel. Seul l'éditeur sera jugé comme ayant une responsabilité dans ces meurtres[2], l'ouvrage étant écrit sous pseudonyme et, semble-t-il, œuvre de fiction d'une ménagère de Floride. Il figure toujours au catalogue d'un site de vente en ligne, mais non disponible à l'achat. On peut néanmoins se le procurer sur le Darknet ou sur des forums privés de collectionneurs (il y en aurait environ 20 000 exemplaires en circulation…).

Certains avis de lecteurs révèlent un sens certain de la formule : « Si vous voulez être un tueur à gages, rejoignez l'armée, la CIA ou un truc comme Blackwater[3]. Si vous voulez finir en prison, suivez les instructions de ce livre. »

Enfin, certains sites de *Hitmen* poussent le sens du détail

1. « Tueurs à gages – Un manuel technique pour les prestaires indépendants ».

2. https://fr.qaz.wiki/wiki/Hit_Man:_A_Technical_Manual_for_Independent_Contractors.

3. Blackwater : société militaire privée américaine, engagée notamment en Afghanistan et en Irak.

jusqu'à faire du recrutement sur leur page, en proposant à côté du bouton *Customer* (« client ») le bouton *Sicario* ! Utiliser le nom donné aux tueurs des cartels sud-américains n'est sûrement pas involontaire…

Figure 12 – Dépôt de candidature comme tueur à gages.

13

Europe Écologie… les autres

Les armes tuent.

Les mots, aussi, tuent.

« Des dizaines de nègres meurent noyés au large de la Tunisie alors qu'ils essayaient d'envahir l'Italie. Poséidon vous offre ce très beau cadeau de Noël. » Voici ce que l'on peut lire sur un des rares blogs politiques en français, le site *Démocratie participative*.

Il s'agit d'un site-miroir, c'est-à-dire l'exacte réplique d'un site du Clearweb, qui joue à cache-cache avec les autorités judiciaires depuis plusieurs années. Il est effectivement participatif par les forums qu'il abrite et où s'expriment les opinions les plus nauséabondes. Quant à la démocratie, au sens large d'une société fondée sur l'égalité et la liberté… elle consiste ici à revendiquer la liberté de tenir un discours niant l'égalité des individus. Ouvertement raciste et antisémite (mais avec très peu de références d'ordre religieux), le contenu est aussi sexiste et anti-LGBT+[1].

En raison de la violence de son contenu, le site d'origine est l'objet d'une première mesure d'interdiction en 2018 : le

1. LGBT (lesbien, gay, bi, trans) : terme utilisé le plus couramment pour désigner les minorités sexuelles ou de genre. L'acronyme est parfois assorti d'autres lettres ou suivi d'un + destiné à n'exclure personne.

tribunal de grande instance de Paris ordonne aux FAI (fournisseurs d'accès à Internet) français de bloquer la connexion au site, sous astreinte de 10 000 euros par jour. Le site continue cependant d'exister, car il est hébergé aux États-Unis, comme le précise sa page d'accueil : « Propriété de David Johnson Jr, citoyen américain, Démocratie participative est un site US d'expression française placé sous la protection du 1er amendement de la Constitution des États-Unis d'Amérique », mais il est inaccessible en France.

Pourtant, en septembre 2020, les parents d'une humanitaire assassinée au Niger apprennent que leur fille fait l'objet de commentaires racistes ignobles sur le site et ils en réclament d'urgence le blocage.

En effet, le site renaît en permanence de ses cendres en changeant de nom de domaine (les extensions qui figurent à la suite de l'appellation d'un site : *.fr*, *.com*, *.org*, etc.) au fil des procédures d'interdiction et en multipliant les sites-miroirs dans le Clearweb.

Ainsi, en septembre 2020 c'est *democratieparticipative.lol* qui est bloqué. Le domaine en *.fun* est enregistré au lendemain de l'ordonnance visant le *.lol* et prend alors le relais. Le 23 décembre 2020, l'administrateur du site – déjà rétabli sous un nouveau nom de domaine – annonce que « le *.fun* a été censuré par le gouvernement français hier » et redonne dans la foulée à ses visiteurs l'adresse du site en *.onion* dans le Darknet. Sont aussi prodigués des conseils de navigation furtive – dont la recommandation explicite d'utiliser Tor – afin d'éviter de « terminer devant un tribunal politique » et, entre autres, un « fichage politique par l'État et les juifs [*sic*] ».

Pour éviter que les internautes ne suivent le site à la trace avec des recherches par mots clés, le gouvernement français a obtenu de Google un déréférencement : la saisie des mots « démocratie participative » (avec ou sans majuscules ou accent) n'aboutit qu'à des résultats relatifs au concept de *démocratie participative*, où le site incriminé n'apparaît pas[1].

Mais les stratégies sont multiples. En avril 2021, un nouveau site fait son apparition : *eelb*, pour *Europe Écologie Les Bruns*. Le nom fait immédiatement penser aux chemises brunes des beaux jours du nazisme et la référence est tout sauf innocente.

Le site n'est pas si nouveau : il s'agit de la partie forum de Démocratie participative, qui reprend par ailleurs, dans deux sous-forums, les publications et les podcasts du site interdit. La boucle est bouclée.

La bataille juridique et technique est donc vouée à se poursuivre sans fin. La réponse, en ce domaine comme dans d'autres, est très certainement à chercher sur le versant socio-économique et éducatif. Une lutte idéologique plutôt que technologique.

● CAFÉ PHILO ●

Ce chapitre nous a posé problème. Comme ceux concernant la pédocriminalité, et pour les mêmes raisons.

Exposer l'étendue des opportunités criminelles qu'offre le Darknet pose déjà question. Notre objectif est de faire découvrir la réalité du Darknet, et notamment d'en dénoncer les dérives pour permettre aux lecteurs (en particulier les jeunes et leurs parents) de prendre conscience de ses vrais dangers, au-delà des idées préconçues. Mais, ce faisant, dans quelle mesure n'en faisons-nous pas finalement la publicité ?

1. Pauline Dumonteil, « Le site raciste et antisémite Démocratie participative supprimé des résultats de recherche Google », sur *BFM Business*, 8 septembre 2020, https://www.bfmtv.com/tech/le-site-raciste-et-antisemite-democratie-participative-supprime-des-resultats-de-recherche-google_AN-202009080225.html.

Pour tout ce qui est une atteinte à l'intégrité physique des personnes ou à la dignité humaine, notre espoir, notre démarche est qu'en *disant* les faits au lieu de les nier ou de les cacher pudiquement – assez hypocritement, en fait – chacun soit alerté et puisse être vigilant.

Ce qui se montre de façon décomplexée dans le Darknet existe tout autant, mais plus discrètement et de façon plus insidieuse, dans le monde physique.

L'électrochoc, causé ici par une imagerie de triste mémoire et des éléments de langage qu'on pensait disparus, permettra peut-être que certains osent signaler des faits punis par la loi ou s'interrogent sur leur propre vision des choses...

Nous vivons en fait le dilemme qui se pose aux journalistes d'investigation lorsqu'ils enquêtent sur des sujets pour lesquels la justice est relativement impuissante.

Et c'est très inconfortable...

Voici ce que nous avons malgré tout choisi de porter à votre connaissance.

Les thèmes des forums sont variés : *Raciologie du quotidien*, *Question juive*, *Les femmes* ou même *Amélioration personnelle* sur lequel on découvre ce projet de vie :

> Mon objectif à terme est de gagner suffisamment et d'avoir la stabilité financière pour trouver une femme et fonder une famille nombreuse aryenne, ce qui est impossible au vu de ma situation actuelle.

Le Guide racial des villes affiche, lui, un visuel sans équivoque qui reprend une formule que l'on pensait appartenir au passé : *le sang et le sol*[1].

Figure 13 – Visuel du *Guide racial des villes.*

Ce forum invite les membres à « offrir une photographie ethno-raciale et religieuse des villes qu'ils connaissent », notamment en indiquant « les races prédominantes et leurs quartiers ». Mais… « Toute critique doit être formulée avec bienveillance et dans un esprit constructif. Les attaques personnelles et les injures ne seront pas admises. »

Ah, bon…

Morceaux choisis :

1. Idéologie développée à la fin du XIXe siècle à partir de théories racistes et pangermanistes, devenue un élément central de l'idéologie nazie, *Blut* (« sang ») faisant référence à l'ascendance et *Boden* (« sol »), à la « pureté » de la paysannerie.

Un côté positif quand même, le youpin est pratiquement inexistant dans ce département. Peut-être est-ce en rapport avec les hivers rigoureux, les fabricants de cache-nez n'ayant pas pensé à les fabriquer en taille 6XL…

Imaginez des nègres copulant derrière les buissons de parcs cradingues où s'agglutinent des punks à chiens qui font du diabolo entre les canettes de 8.6 vides et les seringues cassées ; des bougnoules entrain d'ourdir des attentats contre les derniers blancs de la ville dans des appartement tapissés de papiers de kebabs ; des sales boomer[1] rouges qui distribuent des boites de raviolis à des migrants au faciès improbables ; un rassemblement de féministe […] ; Des juifs dansant dans les synagogues au milieu de ce chaos général, ou regardant avec déléctation leur oeuvre et l'avancée de leur plan de destruction par les fenêtres des batiments officiels. […]
Tout ça figé, immuable, comme un avertissement eternel pour nos descendant que j'espére libérés de cette situation. Pour qu'ils ne reproduisent jamais les erreurs qui nous ont mené à ce pandémonium.

[…] est un village de 4 000 betraviers… il abrite une belle communauté surtout negroide… une caserne de glandarmerie. qui brule du fiouf toute la journée à faire chier les betraviers que nous sommes à nous contrôler qu on ai bien notre attestation sur l honneur.et en profite aussi pour faire des alcotests .par contre les nègres pas de papiers rien pas contrôler… la plupart des dos argentés sont des mineurs avec barbes de demis roussos. .et les autres bamboulas viennent du dégraissage des quartiers […] ceci dit pour les ratons ils

>

1. *Boomers* : abréviation de *baby-boomers*. Terme utilisé de façon condescendante pour qualifier les 55-75 ans, accusés d'avoir une vision figée et archaïque des thématiques contemporaines.

>

y en a pas beaucoup ni kebabs. mais quelques doutes sur les soit disant pizzeria qui vende pas de bière… ça sent le crouille . avant je vivais […]..je me suis barré car envahi par la negrailles et la crouillassie et finalement ils s instalent partout et les mairies plus y a d habitants plus la paie grimpe. heil Hitler.

Ce qui choque le plus, c'est le vocabulaire immonde de certains. Ce qui surprend le plus, c'est au contraire le vocabulaire châtié d'autres…

Mais l'instruction n'est pas l'éducation. Pas plus que l'idéologie n'est la politique, au sens noble du terme. Ni la prétention d'argumentation, une pensée philosophique.

14

Slave girls

La négation de l'autre en tant qu'être humain s'applique, nous venons de le voir, à celui qui n'a pas la bonne couleur, les bons gènes, la bonne religion.

Elle s'applique aussi à cette Autre, la femme, réduite à l'état d'objet sexuel. Et qui peut donc, en tant que tel, être choisie sur catalogue, louée, notée, utilisée, abusée, détruite…

Sur un moteur de recherche, une bannière publicitaire au titre explicite : *Filles esclaves.*

Les tarifs sont mis en avant, en euros et en dollars, avec un tarif réduit pour les locations longue durée. La fiche de chaque fille est succincte : prénom, âge, pays, trois photos et leur statut : « Actuellement disponible » ou « Location en cours, NON disponible ». Et cette mention : « La *fille esclave* réalisera TOUS vos souhaits 24h/24 et 7j/7 pour la durée choisie »…

Figure 14.1 – Tarifs de location d'une jeune fille.

– Même si je ne suis pas une spécialiste, ce terme d'*esclave* me semble sonner faux… Sur le bandeau de la page d'accueil, les filles semblent plus ennuyées qu'apeurées, les entraves ont plutôt l'air d'être des accessoires : des manchettes et colliers de chien noirs à rivets, des liens soigneusement disposés ou enroulés de façon lâche autour d'un seul poignet… Sur les annonces individuelles, les filles sont parfois très souriantes, les poses étudiées, certains clichés sont pris dans des jardins. Et elles sont presque toutes floutées, comme si elles ne voulaient pas être reconnues par leurs proches. On dirait plus de la prostitution classique que de l'esclavage.

– C'est vrai que les menottes de Sarah, par exemple, et ses positions font plus penser à la mise en scène d'un fantasme de client qu'à une situation de séquestration. Mais elles peuvent être contraintes autrement que par la force : par chantage ou pour avoir leur dose de came. Donc il est possible que cela relève de la traite d'êtres humains.

Figure 14.2 – Annonce d'une fille « en cours de location ».

A. – À la mode Darkweb, avec des évaluations comme « J'aime les filles russes. Je me suis bien amusé avec elle ». Et même des clients déçus : « Très belle, mais pas aussi bonne que je pensais » ou « Je l'imaginais plus chaude ».

P. – Moi, ce qui me dérange, en tant que flic, ce sont les précisions logistiques : « La fille est amenée à l'endroit que vous choisissez. Si vous avez des demandes particulières concernant l'âge, le physique, l'ethnie, etc., demandez-nous. » La tranche d'âge est très réduite – 14 ans à 18 ans – et les pays d'origine sont peu nombreux : États-Unis, Argentine, Russie, Pologne, Ukraine, Hongrie… et France. Ça a tout du réseau de prostitution juvénile : je transmets aux collègues.

QUE FAIRE POUR PROTÉGER SES ENFANTS DE LA PORNOGRAPHIE ET DES CONTENUS VIOLENTS ?

La plupart des enfants sont exposés à des contenus pornographiques dès l'âge de 10 ans : les dégâts sur leur psychisme peuvent être dévastateurs. Laisser un enfant ou un ado seul avec un ordinateur connecté ou un smartphone, c'est le laisser exposé sans protection face à des contenus choquants ou d'une extrême violence et donnant une image déformée de la sexualité, avec souvent une vision dégradante de la femme.

On peut utiliser des outils de contrôle parental mais ils ne sont pas suffisants à eux seuls : il faut avant tout communiquer avec son enfant sur ces sujets, sans tabou. Et ne pas hésiter à surveiller très régulièrement son activité numérique, en l'en informant : il ne s'agit pas d'une intrusion mais d'une protection.

Cela ne prémunit évidemment pas de la navigation sur l'appareil d'un copain ou d'une copine, mais limite les risques d'exposition. La meilleure prévention passe par l'éducation et l'information sur les risques de toute nature.

Pour ce qui est de l'esclavage hors prostitution, il semble pour le moment continuer de proliférer surtout dans le monde physique. Esclaves domestiques, importés en Europe par de riches familles étrangères. « Usines à bébés » du Nigeria[1], où

1. https://www.courrierinternational.com/revue-de-presse/trafic-au-nigeria-le-calvaire-des-femmes-dans-les-usines-bebes.

de très jeunes filles sont enlevées, séquestrées, violées jusqu'à ce qu'elles tombent enceintes, puis leur nourrisson est vendu par les tortionnaires à des adoptants peu regardants.

L'Homme est un loup pour l'Homme. Pour la femme, notamment…

15

Red rooms et *snuff movies*

La violence, extrême, insoutenable, gangrène certains secteurs du Darknet.

Pour Pierre, c'est la routine. Pour moi, une découverte brutale. J'ai vu des scènes de viols. J'ai vu un défilé sans fin de sévices sexuels. J'ai vu des actes de torture.

Des femmes ligotées ou enchaînées. Des bouches bâillonnées ou équipées d'un *écarteur*. Des narines (ou autres parties du corps, parmi les plus fragiles) *hameçonnées*...

Je n'ai pas vu les vidéos.

Les photos d'accroche, sur la page d'accueil des sites, me suffisent. Mais si ces vidéos existent, c'est que – en fonction de l'immuable loi de l'offre et de la demande – une telle demande existe et alimente ce marché.

Deux des plus grands fantasmes sur le Darknet, après les tueurs à gages, ce sont les *red rooms* et les *snuff movies* (souvent confondus), auxquels s'ajoute parfois le frisson du cannibalisme.

La réalité dépasse la fiction, dit-on. Pour ce qui est du cannibalisme, on trouve effectivement plus de faits divers dans le monde physique que de récits ou de vidéos dans le Darkweb, mis à part deux ou trois manuels pratiques d'anthologie expliquant, par exemple, comment *Préparer une carcasse humaine pour la consommation*...

Un cas où le Darknet a joué un rôle en ce domaine est la petite annonce qu'y avait posté un jeune Texan de 21 ans : Alexander Nathan Barter cherchait à violer, tuer, puis manger une enfant… Mais un agent infiltré des forces de l'ordre s'était fait passer pour le père d'une fillette, ce qui avait permis l'arrestation du jeune homme.

Les *snuff movies* posent un problème plus complexe, où fiction et réalité jouent à cache-cache.

Dans le Darknet comme sur Internet, on trouve quantité de ces films d'horreur qui se font passer pour des vidéos amateurs et prétendent montrer des tortures et crimes authentiques ; au point que les forces de l'ordre sont parfois intervenues (aux États-Unis et en Italie, notamment) pour s'assurer que les acteurs étaient indemnes. Le mode de réalisation, souvent en caméra à l'épaule, leur donne un air d'authenticité.

À noter que *Snuff Movie* est le titre d'une coproduction (États-Unis, Royaume-Uni, Roumanie) de 2005, qui réunit tous les poncifs du genre…

Parallèlement, on peut voir – soit sur les médias sociaux avant qu'ils ne soient censurés, soit de façon pérenne sur le Darknet – des montages de séquences macabres (exécutions criminelles ou légales, accidents de la route, suicides filmés par la caméra ou le smartphone de la victime), diffusées et visionnées pour la seule satisfaction de pulsions sadiques. Sans oublier les vidéos d'exécutions, souvent accompagnées d'actes de torture et de profanation de cadavres, réalisées et diffusées par les organisations terroristes dans un but de propagande.

Enfin, on trouve dans le Darkweb des vidéos scénarisées et mises en scène, où les actes de violences sexuelles et de torture sont, hélas, bien réels. Ces vidéos peuvent être téléchargées puis regardées hors connexion. En effet, le *streaming* ou visionnage direct est difficile sur Tor et nécessitera d'accepter soit une qualité vidéo médiocre soit de longues attentes entre les séquences.

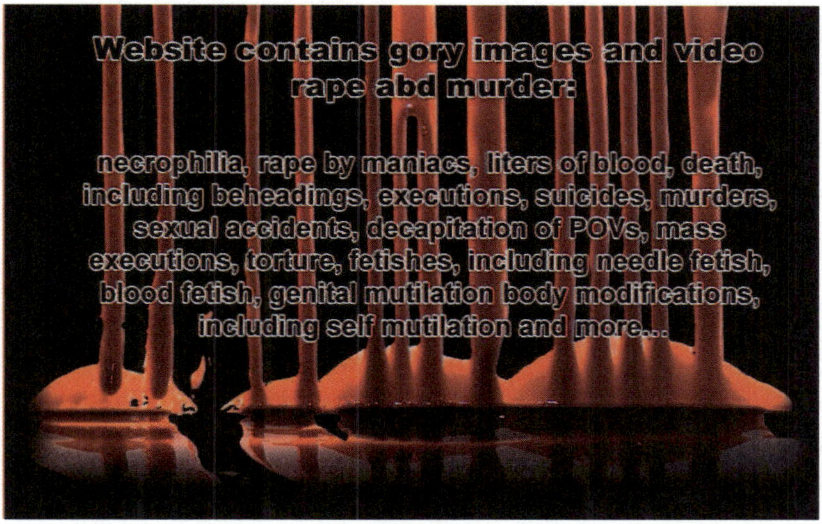

Figure 15 – Site de photos et vidéos de viol, torture et meurtre.

« Sur ce site, des images gore
et des vidéos de viol et de meurtre :
nécrophilie, viol par des maniaques, des litres de sang,
la mort, y compris des décapitations, exécutions, suicides,
meurtres, accidents sexuels[1], décapitations de prisonniers
de guerre[2], exécutions de masse, torture, fétichismes
y compris fétichisme avec aiguille[3], fétichisme du sang,
mutilation sexuelle, transformations corporelles
dont de l'automutilation et bien plus encore… »

Quant aux *red rooms*, ce sont des salles de torture auxquelles les darkonautes auraient, en théorie, un accès en temps réel pour y assister – en direct – aux pires horreurs et pourraient même *passer commande* en choisissant des actes de torture à la carte.

1. Probablement filmés dans des hôpitaux.
2. *POV*, probablement pour *POW* : *Prisoner of War*.
3. Il s'agit peut-être de « piquérisme » : une paraphilie où l'excitation sexuelle est obtenue par l'introduction d'objets pointus dans le corps d'une personne.

Les auteurs et chercheurs qui travaillent sur Tor estiment que, d'un simple point de vue technique, l'existence de *red rooms* sur ce darknet – qui est le plus utilisé et sur lequel on trouve quantité d'offres de ce type – relève du fantasme… et de l'escroquerie ! Toute personne ayant déjà tenté de se connecter à des sites de Tor sait combien la connexion est lente et hasardeuse, n'aboutissant pas toujours, malgré des tentatives répétées. Sa conception technique, le routage en oignon, l'explique.

Il est malheureusement impossible de prouver que quelque chose n'existe pas, malgré tous les témoignages qui indiquent que la connexion échoue toujours providentiellement juste avant le démarrage du direct. Et les escrocs ont encore de beaux jours devant eux.

Une grille tarifaire classique indique un montant de 1 600 euros à débourser pour être simple spectateur, mais 8 000 euros pour être *master* et pouvoir passer des ordres ; avec une décision rapide requise, puisqu'il ne reste qu'une place disponible pour chacun des statuts ! La place de *grand master* à 40 000 euros n'est, elle, plus libre (peut-être par crainte des représailles possibles d'un tel client très contrarié de s'être fait avoir…).

CAFÉ PHILO

Le réel problème du *Darknet sombre* n'est pas tant ce qu'on y trouve que les motivations de chacun : ceux qui produisent des contenus (pour partager leurs déviances ou, beaucoup plus souvent, pour gagner de l'argent) et ceux qui en sont les consommateurs.

Le plus angoissant est bien de découvrir ce que certains y cherchent : l'existence d'une foule d'individus réellement *tarés* – c'est-à-dire porteurs d'une tare –, et assoiffés de tels contenus, est une réalité terrible et désespérante…

16

Le terrorisme en 10 leçons

Au-delà des aspects géopolitiques, ce qui caractérise le terrorisme islamiste et sa propagande, c'est son extrême violence, utilisée à la fois comme instrument de terreur et comme outil de galvanisation des combattants et de ceux qui aspirent à le devenir.

Pour cette exploration-là, c'est Pierre qui prend les commandes et endosse le rôle de narrateur. Abigaelle restera uniquement en témoin devant l'écran.

Pour pouvoir évoluer dans ce milieu particulièrement sensible, j'endosse un de mes avatars. Un profil de longue date, forgé avec patience, éprouvé.

Les sites liés au terrorisme sont souvent éphémères dans le Darknet. Mais j'en trouve un. Je me connecte sur un forum de discussion et je descends rapidement dans l'arborescence. On y est.

Sur la page d'accueil, un cavalier dans le désert, sabre au clair, dressé sur un cheval qui se cabre. Des photos d'hommes en noir, le regard déterminé, armes lourdes à la main. Des journaux de propagande en format PDF, comme *Dar al Islam* (nom donné à la partie du monde régie par les lois islamiques).

Un bandeau avec le top 10 des meilleures vidéos de l'État islamique. La plus célèbre d'entre elles, *Flames of War*, mais aussi des films d'exécutions, des attentats.

Les vidéos sont d'une incroyable qualité avec une structure, des scènes d'action, des explosions, des ralentis. L'une d'elles enseigne la décapitation. Une dizaine de minutes, à vomir... Des guerriers au large sourire qui exhibent la tête de leurs adversaires. Et toutes les modalités d'exécution possibles : au sabre, par pendaison, noyade, explosion ou au lance-roquettes. Une vidéo montre les ruines d'un théâtre antique où les djihadistes s'avancent, menant chacun au bout d'une corde un prisonnier, dans un rituel sinistre qui se termine par une tuerie de masse parfaitement orchestrée.

On a aussi des films « didactiques » expliquant comment fabriquer des armes ou des explosifs.

Le forum comporte de nombreuses rubriques, chacune avec sa thématique mortifère. L'une d'elles enseigne la *taqîya*, ou « art de la dissimulation » : techniques pour dissimuler ses projets à son entourage, comment faire semblant, quelles réponses donner aux gens qui posent des questions.

La rubrique Informatique présente les matériels et les techniques pour se prémunir des adorateurs du *Tâghoût* (les mécréants ou les serviteurs d'un pouvoir tyrannique ; ici, la police). On retrouve exactement les mêmes conseils que sur les forums pédocriminels : clé USB cryptée, utilisation systématique de Tor. Et pas d'appels téléphoniques avec « les vrais frères et sœurs ».

Il y a même une rubrique *Rencontres*.

Des profils de jeunes hommes et jeunes femmes. Des cérémonies de mariage en ligne sans la moindre rencontre physique. Le tout en cachant soigneusement l'événement aux familles, qui sont donc très souvent dans l'ignorance de ce qui se trame.

Nous sommes maintenant dans la rubrique liée à l'endoctrinement.

Les *posts* sont principalement en arabe et en anglais.
Des vidéos de « docteurs de la loi », « docteurs de la charia ».
Des textes, des sourates, des hadiths.
Des informations à foison.
Désinformation à foison, en fait.
Tout est orienté contre les « croisés », les mécréants, les faux musulmans, les faux croyants.

Lors d'une enquête, j'avais eu l'occasion d'assister à un dialogue qui m'avait marqué. Des candidats, désireux d'intégrer le mouvement, et un « sachant ». Au cours des échanges, surréalistes, un apprenti terroriste pose une question :

– Je veux quitter cet enfer et tuer beaucoup de mécréants, faire le martyr. Mais j'ai pas d'arme, comment je peux faire ?
– Mon frère, prends ce qu'Allah te donne, un simple couteau, et égorge ces chiens.
– Mais une fois au paradis, j'aurai aussi toutes mes houris ?
– Allah récompense tous ses guerriers, mon frère.

Un autre intervient :
– On peut choisir ses houris ?
– Allah te permettra de prendre des femmes incroyantes en enfer si tu le veux.
– Mais elles m'obéiront ?
– Tu seras leur maître.

Le premier reprend :
– Je désire une mécréante. Mais si je fais le martyr, je ne l'aurai pas, elle sera en vie, elle.
– Allah est grand : il te permettra de l'avoir quand elle ira en enfer. Ou alors tu peux la tuer avant de partir. Comme ça en arrivant là-haut, elle sera à toi.

Je referme l'écran. La lumière revient. Un peu.
Abigaelle, me regarde, sidérée :
– Rassure-moi, vous en arrêtez quand même, parfois ?
– Oui, bien sûr ! Et même, pour un des derniers qu'on a

interpellés, le risque de passage à l'acte sur ses parents avait été jugé comme extrêmement probable… Ici, ils recrutent, ils endoctrinent. Mais les plus dangereux ne sont pas forcément là.

– Qui est-ce, alors ?

– Ceux qui pratiquent la *taqîya* en se faisant passer pour des mécréants, en adoptant leurs coutumes et habitudes supposées : ils boivent de l'alcool, consomment du porc, ont des relations sexuelles complètement débridées. Mais derrière cette apparence, il y a des esprits froids, calculateurs, dont le but est d'écraser et d'anéantir l'ennemi. Et bien sûr, ils communiquent souvent par l'intermédiaire de réseaux cryptés ou de Tor.

– Et alors, vous arrivez quand même à en débusquer certains ?

– Grâce au travail de renseignement, on a empêché plus d'une trentaine d'attentats majeurs en France depuis 2015. Quelques-uns échappent à la surveillance : des individus plus ou moins isolés, souvent instables ou suicidaires. Malheureusement, on ne peut pas lutter uniquement au niveau technique : c'est une question à la fois politique, religieuse, sociale et sociétale. C'est un combat à mener sur tous les fronts.

– Comment font-ils justement pour financer toutes leurs actions ?

– Ils utilisent toutes les méthodes criminelles pour gagner de l'argent : trafic de stups, contrebande (notamment de pétrole, au Moyen-Orient), braquages, prises d'otages. Et des campagnes d'appel aux dons !

17

Islamic fight

Revoici un cadre noir, mais cette fois-ci, c'est bien le drapeau de l'État islamique. Le texte se suffit à lui-même. Notons juste que le site a été ajouté sur le portail *Politics and Religion* le 21 octobre 2015…

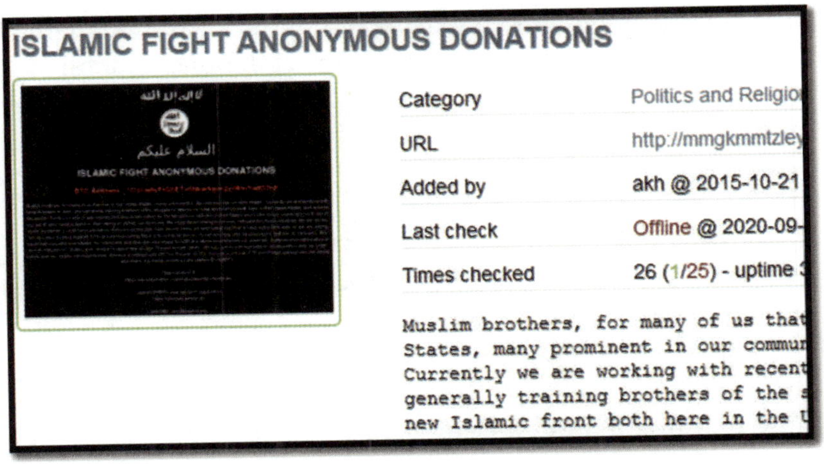

Figure 17 – Appel de fonds d'un mouvement islamiste.

« DONS ANONYMES COMBAT ISLAMIQUE

Frères musulmans, pour beaucoup d'entre nous qui vivons aux États-Unis, beaucoup importants dans leur communauté sur la côte est ou la côte ouest. En ce moment nous travaillons avec des fidèles récemment reconvertis[1] à l'islam et nous entraînons des frères dans le combat pour déployer notre nouveau front islamique à la fois ici, aux États-Unis, et partout dans le monde. Il y a un manque d'installations adaptées et de financement pour les musulmans, à la fois aux États-Unis et en Orient, surtout pour nos jeunes qui ont besoin de soutien dans leur désir de vaincre nos ennemis. Nous nous sommes rendu compte que demander de l'argent indiqué pour ces activités attirait beaucoup trop de surveillance et nous avons décidé de nous aventurer sur le nouveau front où beaucoup sont très doués et c'est ici, sur le dark web, donc nous demandons que les dons de soutien soient anonymes à l'aide de la cryptomonnaie bitcoin. Les dons peuvent aussi être physiques en plus d'être anonymes. Nous avons beaucoup de jeunes qui ont besoin qu'on les forme et qui sont très impatients de satisfaire leur désir de vaincre nos ennemis. Frères et sœurs, nous sommes à un moment crucial de l'histoire et nous avons besoin de tout le soutien possible. Merci de faire un don et de nous communiquer de manière sécurisée avec notre e-mail ci-dessous et notre message instantané ci-dessous. Attention à toujours utiliser Off-The-Record (OTR), si vous ne connaissez pas OTR et Pidgin merci de voir le lien ci-dessous et il y a un lien pour créer un nouveau Jabber ID (XMPP). »

En mars 2016, au lendemain des attentats de Bruxelles, Bernard Cazeneuve, alors ministre de l'Intérieur, avait suscité de nombreuses critiques dans les milieux cyber en déclarant : « Ceux qui nous frappent utilisent le Darknet. » En affirmant que « les terroristes ont préparé la commission de leurs attentats en utilisant des moyens cryptés[2] », il était dans le vrai

1. Dans l'islam, on parle de *reconversion* et non de *conversion* car il est enseigné que chacun naît musulman, c'est-à-dire soumis à Dieu. Et que ce sont ses parents qui font de l'enfant un croyant d'une autre religion ou un athée.

2. Interview donnée à France Inter le 23 mars 2016 : https://www.vie-publique.fr/discours/198614-interview-de-m-bernard-cazeneuve-ministre-de-linterieur-france-int.

concernant les boîtes mails et les messageries chiffrées, comme *Telegram* (surnommée « la messagerie de Daesh ») ou *Signal*, qui appartiennent bien à l'*écosystème Darknet*.

Toutefois, l'interdiction de Tor, qui avait alors été évoquée, n'aurait que peu d'incidences sur le terrorisme. Pour des raisons techniques d'abord : les darknets reposent sur une architecture qui se recompose en permanence, ce qui en fait une proie fuyante. Ensuite, en imaginant qu'un blocage de Tor soit possible, cela aurait peu d'effet, car l'utilisation de ce réseau par les mouvements terroristes reste à ce jour assez limitée. Même si on assiste – au fil des contrôles et restrictions imposés à certains médias sociaux – à un mouvement de migration des contenus.

En ce qui concerne le recrutement, celui-ci se fait plutôt sur Internet : forums et notamment ceux de jeux vidéo, messageries de ces mêmes jeux vidéo, groupes privés Facebook et comptes Twitter (de plus en plus rarement pour ces deux derniers, qui sont contrôlés de façon plus étroite). Dans le Darknet, ce sont des messageries comme *Telegram* qui seront utilisées à cet usage.

Sur le plan opérationnel, Tor est trop lent et aléatoire, avec des connexions souvent erratiques qui découlent de son architecture constituée d'une succession de relais. Ce n'est pas le moyen idéal pour coordonner en temps réel des actions terroristes nécessitant réactivité et souplesse.

Toutefois, Tor (bien plus que Freenet et I2P, car il permet de se dissimuler parmi près de 3 millions d'utilisateurs quotidiens) est utilisé pour des phases de préparation et de stratégie qui s'inscrivent dans la durée :

– élaboration de la doctrine ;
– préparation des alliances et essaimage en groupes locaux, parfois à l'échelle d'un pays ou d'un sous-continent ;
– organisation et programmation des actions, très en amont.

Et, comme nous venons de le voir, le Darknet est utilisé comme canal de financement complémentaire.

18

Du cœur d'un fou

Les vidéos d'exécutions « de propagande » nous lancent sur la piste de contenus terroristes accessibles au grand public. Nous optons pour cibler d'abord les contenus écrits dans une langue autre que l'anglais, tablant, pour la suite, sur nos traducteurs automatiques.

Alors, forcément, lorsqu'on repère un texte écrit en arabe et entouré d'un épais cadre noir, c'est-à-dire le format habituel des revendications islamistes : on s'y arrête !

Figure 18 – Blog d'un poète iranien.

Mais… que fait cette chouette, à l'emplacement habituel du drapeau de l'État islamique ? Et puis, les trois mots d'anglais, on les comprend, ceux-là : « FORUM IRANIEN NON CENSURÉ. »

Piège de l'amalgame et du raccourci. Tout texte qui semble écrit en arabe et inséré dans un cadre aussi noir que les ailes d'un corbeau n'est pas forcément un site islamiste. Même si c'est dans le Darkweb.

Et d'ailleurs, est-ce bien de l'arabe ? L'Iran, c'est l'antique Perse. Donc on y parle le persan, aussi nommé farsi, parlé en Iran, Afghanistan, Tadjikistan, Irak, dans les émirats du Golfe. 120 millions de locuteurs. Dont un poète blogueur…

DU CŒUR D'UN FOU

Aujourd'hui, je ne sais pas comment il est advenu que j'écrive, j'écris pour moi-même, selon les mots de Sadegh Hedayat, pour Saïm, qui est penché sur le mur… parce que je sais qu'il n'y a personne pour lire mes écrits. J'écris et je lis pour moi-même. Autodiscours et rire de soi, Wow, je suis le propre d'un artiste… Je me suis réfugié dans le Darknet parce que je veux cacher mon chagrin. Je ne veux pas que quiconque lise mes fabrications. Je ne pense pas qu'il soit nécessaire d'expliquer davantage aux idiots superficiels que, d'après la langue anglaise, les langues rampent sur le Web de surface […] Selon les mots de feu Sadegh, je suis guidé par les Antéchrists, par leurs regards, par leurs convoitises… mais je suis comme eux…

Dans *La Chouette aveugle*, le plus célèbre des romans de Sadegh Hedayat – dont l'auteur de ce blog semble un fervent admirateur –, le héros opiomane est poursuivi par des hallucinations émanant, lui semble-t-il, d'une vie antérieure. Dans le monde réel, le romancier se suicida, en détruisant par le feu la quasi-totalité de son œuvre.

Notre blogueur confie : « Je me suis réfugié dans le Darknet parce que je veux cacher mon chagrin. »

Hedayat, lui, avait écrit : « Il est des plaies qui, pareilles à la lèpre, rongent l'âme, lentement, dans la solitude. Ce sont là des maux dont on ne peut s'ouvrir à personne. [...] Les seules médecines efficaces sont l'oubli que dispense le vin et la somnolence artificielle procurée par la drogue ou les stupéfiants. »

PARTIE III

MARCHÉS NOIRS

Le cœur du Darknet moderne est désormais le commerce. Qu'il s'agisse de la vente de produits illicites comme les stupéfiants, les armes et les contrefaçons ou de la vente non réglementée de produits standard, préalablement volés ou détournés.

Les dirigeants occultes de ces différentes *marketplaces* sont engagés dans un bras de fer permanent avec les forces de l'ordre, qui démantèlent régulièrement les plus importantes… qui renaissent ensuite parfois de leurs cendres.

19

Stupéfiant(s) !

– D'après ton expérience d'enquêteur de terrain, quelle est d'après toi l'activité criminelle la plus importante dans le Darknet ?

– Sans hésiter : les stupéfiants ! Même si la part numérique ne représente encore qu'une faible partie du narcotrafic global, c'est l'activité illicite la plus importante en termes de volume de transactions, de flux monétaires et de visibilité. La demande est considérable et l'offre est suivie de près par les clients, qui n'hésitent pas à commenter le contenu de leur commande, le délai, la qualité des produits, les tarifs, les conditions de livraison, etc.

– Oui, mais les vendeurs peuvent mettre ce qu'ils veulent, sur leur site !

– C'est sûr. C'est pour ça que les avis fiables se trouvent sur des sites indépendants, qui se rémunèrent par la publicité. Et les vendeurs qui arnaquent leurs clients n'exercent pas longtemps…

L'offre est abondante et variée. Certains sites sont mono-produits : il s'agit en général de ceux dédiés au cannabis sous toutes ses formes. D'autres sont plus éclectiques, proposant une gamme complète, mélangeant allègrement haschich, ecstasy, stéroïdes et fentanyl.

Le fentanyl est un cas à part. La vente de cet opioïde – 100 fois plus puissant que la morphine – se développe de façon exponentielle. Il est excessivement dangereux car la limite entre dose standard et dose mortelle est infime et varie suivant les individus. Il peut être prescrit de façon tout à fait légale, mais est parfois vendu par les usagers ; des doses sont aussi régulièrement volées, tandis que des laboratoires clandestins en fabriquent. Certains toxicomanes évacuent la question du risque et le prennent en toute connaissance de cause pour son prix attractif. Mais les trafiquants l'utilisent pour couper d'autres substances : il arrive donc que certains en consomment sans le savoir, ce qui multiplie les risques d'overdose.

Les classiques sont toujours bien présents :

Figure 19 – Stupéfiants de synthèse.

Les vendeurs indiquent souvent la disponibilité des produits en fonction des arrivages, et certains vont même jusqu'à préciser « qu'en raison d'un pic de demandes, ils mettront un peu plus de temps pour expédier les commandes » ! L'un d'eux précise, avec un grand luxe de détails, les conditions d'envoi de ses produits et les méthodes d'emballage et d'expédition qu'il emploie pour assurer la plus grande discrétion – « furtivité », dit-il – et échapper ainsi aux interpellations et saisies.

Morceaux choisis et commentés :

> Livraison gratuite pour les commandes de plus de 60 euros. Veuillez ne choisir la livraison gratuite que si vous y êtes admissible.

\>> Apparemment, il y en a qui ont essayé de gruger !

> Les colis sont envoyés deux fois par semaine, tous les lundis / mardis et jeudis / vendredis matin, mais il peut y avoir des retards en fonction du volume.

\>> Vendeur qui a probablement un autre travail à côté…

> Les grosses commandes seront divisées pour augmenter la furtivité et pourront être envoyées à plusieurs jours d'intervalle.

\>> Une des techniques utilisées pour déjouer la surveillance des autorités. Ne suffit pas toujours !

La question interdite finit par sortir :

– Mais ils ne se font jamais attraper, ces gars ?

– C'est une question de quantité unitaire et d'emballage : sur ce site ils n'envoient jamais plus de 100 grammes à la fois ; et tous les vendeurs conditionnent sous vide, pour éviter la détection par les chiens et les appareils électroniques. Souvent, ils mêlent les stupéfiants avec d'autres produits inoffensifs. Rien n'est efficace à 100 %, mais c'est un vrai défi, en particulier pour les douanes.

– Et les clients reçoivent ça où ? Pas chez eux, quand même ?

– Certains, si. Ils ne commandent pas trop fréquemment et toujours en très petites quantités. Souvent, ils se font livrer à une adresse bidon avec une fausse boîte aux lettres ; et plus couramment, en point-relais. On interpelle régulièrement des acheteurs ; mais ce n'est pas assez dissuasif.

– Et s'ils commandent de grosses quantités ?

– Là, le risque augmente de façon exponentielle : et de se faire coincer, et d'avoir une peine plus lourde. La gendarmerie, la police – et plus encore les douanes – démantèlent régulièrement des trafics de ce type. Mais le chiffrage des communications sur Tor et sur les messageries cryptées exige l'emploi de moyens techniques importants et du temps. Beaucoup de temps.

C'était il y a quelques années.

Des collègues des stups viennent demander l'assistance du groupe cyber pour une affaire inédite. Ils ont appris par un indic qu'une de leurs cibles sous surveillance – à la tête d'un important réseau de petits dealers de marijuana – s'approvisionne d'une façon surprenante pour l'époque : il passe ses commandes auprès de grossistes… dans le Darknet.

Bob bouge beaucoup et souvent. Il a loué plusieurs appartements dans lesquels il réside successivement, tout en les sous-louant en même temps à des connaissances (il n'y a pas de petit profit !). Il utilise aussi des téléphones jetables qu'il change régulièrement et des voitures de location qu'il ne garde que quelques jours. Bref, Bob est d'une prudence rare.

Il sort de ses divers appartements à toute heure et organise ses tournées à différentes adresses de dropping[1]*, selon des circuits qui semblent complètement aléatoires, afin de récupérer de petits paquets ou des enveloppes. Pour le faire tomber, lui et son réseau, il faut impérativement le surprendre en possession de grosses quantités.*

Les stups veulent déterminer comment il passe ses commandes. La chance nous sourit : Bob a cassé son téléphone et a dû en commander un en urgence. Les collègues interceptent le paquet avant livraison et nous l'apportent. Il s'agit d'un téléphone préparé spécialement par la société EncroChat[2]. Celle-ci garantissait à ses utilisateurs un anonymat qualifié de parfait, car n'associant à leurs comptes clients ni terminal mobile ni carte SIM. Le BlackBerry a été entièrement modifié : plus de micro, de caméra, de GPS. Un logiciel de messagerie instantanée chiffrée y est installé, couplé à une infrastructure sécurisée et à des serveurs situés hors du territoire national.

Impossible d'arriver à quoi que ce soit, à notre niveau. On laisse donc le téléphone arriver chez Bob et on se concentre sur son réseau wifi. Ou plutôt ses réseaux, puisqu'il en change régulièrement.

Puis un jour, malgré toutes les précautions de Bob, on récupère enfin la liste de ses commandes dans le Darknet. Sans hacking, sans manœuvre déloyale de notre part. Non, rien de tout ça.

Je ne dirai pas comment, n'insistez pas. Si ? Bon, OK…

1. *Dropping* : terme utilisé par certains usagers des marchés noirs pour la technique de dépôt des colis dans des caches convenues à l'avance entre vendeur et acheteur, comme des locaux abandonnés ou des boîtes aux lettres factices dans des cours d'immeuble.

2. Ce réseau de communications chiffrées a été démantelé en 2020 ; voir l'annexe 3, « Que fait la police ? ».

Bob s'était disputé avec sa petite copine. Fou de rage, il avait balancé sur Internet des photos et vidéos intimes. Du coup, elle avait déboulé dans nos bureaux du groupe cyber, nous suppliant de retirer les photos et vidéos.

Alors que je me demande comment tirer parti de cette opportunité, la jeune femme sort plusieurs feuillets imprimés et me les tend. J'écarquille les yeux en les parcourant : pour se venger de son amant indélicat, elle a imprimé la liste de tous ses achats et commandes en cours. Pas très cyber, du coup, comme technique de résolution !

Bob sera interpellé et condamné à plusieurs années de prison.

POUR MÉMOIRE

Si l'offre est particulièrement abondante dans le Darknet, les vendeurs sont rarement des producteurs pratiquant la vente directe mais plutôt des grossistes (notamment pour le cannabis et la cocaïne) implantés dans les zones de consommation, qui gèrent le transport et la livraison. C'est ainsi que se sont développées des filières locales, dites « du dernier kilomètre », utilisant WhatsApp et Telegram. Ces applications permettent d'encoder les messages de bout en bout.

Les revendeurs, eux, utilisent des *chatbots*[1] pour communiquer rapidement avec leurs clients. Une fois les transactions effectuées, il ne reste pas de traces exploitables.

Cela complique les investigations, en particulier parce que les quantités commandées sont généralement faibles et parce que les fournisseurs sont hors de France, voire d'Europe : suivre leurs livraisons à travers le monde relève de la gageure.

1. *Chatbot* : automates de réponse, du style « Bonjour, je suis Oscar, votre assistant virtuel. En quoi puis-je vous aider ? »

Mais avec le soutien d'Europol et d'Interpol, les services d'enquête sur le terrain s'adaptent peu à peu à ces nouvelles formes de criminalité.

Cette visite s'avère un peu étourdissante, de par la diversité de l'offre, l'abondance des produits et la déconcertante facilité d'accès à cet immense marché international, parfaitement organisé. Et en partie hors de contrôle.

Un petit tour au jardin nous ramènerait peut-être à plus de sérénité…

Hop, direction des sites moins anxiogènes, qui vendent graines de cannabis et matériel adéquat. Et même des tutoriels pour que se développent harmonieusement ces cultures un peu particulières…

Un vendeur, inspiré, vante les qualités de ses produits phares, avec un certain lyrisme…

« Les notes distinctes de pamplemousse, de citron et de rhubarbe, alliées à cette faculté qu'a White Label de vous faire planer au plus haut des cieux, ont été reproduites avec succès dans cet hybride [dont les plants] produisent une substantielle récolte de bourgeons puissants, qui arborent un manteau de trichomes blancs givrés qui scintillent comme de petits flocons sous le soleil. »

La réalité est moins flamboyante, on le sait, et même les substances réputées anodines ne le sont pas toujours !

20

Drugs

Loin des envolées lyriques sur la floraison des plants de cannabis, un ami – grand habitué des salles de sport, option « fondu de la fonte » – nous ramène sur terre en nous alertant sur les bruits qui courent sur d'autres substances plébiscitées par certains et qu'on trouverait facilement dans le Darknet : les produits de prise de masse musculaire.

Il n'existe pas dans les *Hidden Wikis* de rubriques spécifiques pour les médicaments : c'est toujours une rubrique *Drugs*. Ce mot anglais peut signifier « drogue » ou « médicament » et la distinction entre les deux se fait d'après le contexte. Sur les *marketplaces* du Darknet, le contexte est sensiblement le même pour les deux familles de produits. Il faut aller sur les sites pour en savoir plus. Sans surprise, la part des stupéfiants est ultra-prédominante.

Mais le mot *prescription*, qui signifie littéralement « ordonnance », semble être le terme usuel pour distinguer les médicaments des autres *drugs*.

Et il existe mille et une raisons d'acheter des médicaments dans le Darkweb.

Il peut s'agir d'abord de produits interdits sur le territoire national.

Soit parce qu'ils n'ont pas satisfait aux exigences de qualité (en France, par l'obtention de l'autorisation de mise sur le marché – AMM) : efficacité et innocuité. Ce sera le cas du Kamagra, vendu par tous les sites, bien plus que le Viagra.

Soit parce qu'ils sont frappés d'une interdiction officielle mais d'ordre moral ou religieux, comme la pilule contraceptive et la « pilule du lendemain », encore interdites dans de très nombreux pays.

Par ailleurs, des personnes malades, si elles vivent dans un pays où les médicaments sont chers et non remboursés par un système de protection sociale, peuvent avoir des difficultés à payer ce qui leur est nécessaire : c'est le cas de la Ventoline aux États-Unis (où 15 % de la population n'a pas d'assurance médicale). Le Darkweb pourra leur proposer des offres abordables.

Enfin, l'obligation de fournir une ordonnance établie par un médecin peut être un obstacle pour acheter certains médicaments en pharmacie et pousser à se rabattre sur les circuits parallèles.

Cela peut d'abord venir d'un refus légitime de prescription par le praticien, au vu de l'état de santé du patient.

Mais il pourra aussi s'agir d'un refus du patient d'aborder la question avec son médecin, par crainte d'un jugement moral du praticien ou de peur que cela ne s'ébruite : stimulant sexuel, antidépresseur, traitement contre une faible fertilité ou contre le VIH…

Enfin, ce sera le cas chaque fois qu'un médicament peut répondre à un besoin non thérapeutique.

L'hormone de croissance, par exemple, est utilisée lors des traitements contre la stérilité car elle stimule l'ovulation et joue un rôle principal pour l'implantation de l'embryon. Mais elle permet aussi d'accroître la masse musculaire.

Et de fait, les substances médicamenteuses achetées dans le Darkweb sont souvent détournées de leur usage thérapeutique :

- médicaments utilisés comme stupéfiants (codéine, analgésiques, antitussifs) ;
- produits qui boostent temporairement les performances physiques (EPO, prescrite en cas d'anémie secondaire suite à certains cancers) ou intellectuelles (traitements des troubles de l'attention, de la narcolepsie et de l'hypersomnie) ;
- substances destinées à accroître la masse musculaire, les produits les plus courants sur les sites spécialisés : hormones de croissance et stéroïdes anabolisants (destinés à traiter un taux de testostérone bas ou pour prévenir une fonte musculaire en cas d'alitement prolongé, de cancer, de sida) ;
- diurétiques pour perdre du poids, de façon complètement artificielle et éphémère. Mais utilisés aussi pour éliminer les résidus des produits dopants : très cohérent par rapport à ce qui précède !

Les conséquences néfastes à moyen et long terme des substances utilisées pour une prise de muscle sont nombreuses.

Effets secondaires indésirables de la prise d'hormones de croissance : douleurs articulaires, nausées, hypothyroïdie, diabète, myopathie, lésions osseuses et tendineuses, pilosité abondante. Il est irresponsable d'en prendre sans surveillance médicale sérieuse.

Effets secondaires parfois irréversibles de la prise de stéroïdes : problèmes cardio-vasculaires, perturbation des fonctions rénale, hépatique et sexuelle, risque d'infertilité, troubles du comportement.

Tous les médicaments achetés et consommés hors suivi médical font courir un fort risque de contre-indication et de surdosage, aggravé en cas d'usage détourné, a fortiori s'il s'agit de copies ou de contrefaçons.

Ces risques vont croissant depuis une vingtaine d'années, car le marché parallèle du médicament a pris une ampleur considérable. Selon l'initiatrice du programme d'Interpol de lutte contre la criminalité pharmaceutique, ce marché représente 100 milliards de dollars par an[1].

Le Darknet, comme les autres formes de marché noir, a recours à trois formes d'approvisionnement.

La première est le vol ou le détournement de marchandises opérés à l'usine, pendant le transport ou chez les répartiteurs. (En officine, ce sera plutôt le fait de consommateurs, à titre occasionnel et pour leur propre usage.)

Le deuxième flux provient d'un approvisionnement direct auprès d'usines officielles (chinoises et indiennes, notamment) qui mettent en place une double filière, l'une officielle et l'autre clandestine.

Enfin, copies et contrefaçons pullulent, dans ce domaine comme dans bien d'autres.

Une copie s'annonce d'emblée comme telle : pour les tableaux par exemple, les copistes ont l'obligation d'utiliser un format légèrement différent et ne doivent pas reproduire la signature du peintre.

La contrefaçon se fait passer pour l'original, en utilisant son nom et son packaging. Elle permet de séduire une clientèle peu regardante, grâce à un prix beaucoup plus bas, obtenu en partie par l'économie faite sur les investissements en recherche et développement, marketing et publicité.

1. Aline Plançon, *Faux médicaments, un crime silencieux*, Cerf, 2020. L'autrice est aussi fondatrice de l'ONG PMEDS dédiée à la lutte, par l'éducation, contre les faux médicaments.

Les copies peuvent être de même qualité que l'original : même composition, mêmes matières premières et mêmes procédés de fabrication. Les génériques, par exemple, sont des copies de médicaments : ils doivent donner la preuve qu'ils sont bioéquivalents à l'original : mêmes principes actifs et en mêmes proportions.

Au contraire, une des caractéristiques quasi systématiques de la contrefaçon – qu'il s'agisse d'un sac à main, d'une montre ou d'un médicament – est la nature des matières premières.

La différence de composition est parfois sans incidence : sous-dosage ou substances non actives dans le cas d'affections chroniques très légères pour lesquelles l'effet placebo peut suffire.

Mais une composition différente est le plus souvent dangereuse parce que les principes actifs ne sont pas les bons, ou parce qu'ils sont trop ou insuffisamment dosés. Un certain surdosage peut aussi être délibéré et viser un effet plus intense, recherché par le consommateur.

Autre argument de vente : l'actualité.

Une nouvelle rubrique a fait son apparition en 2020 : la rubrique *Covid*, qui propose hydroxychloroquine et azithromycine.

Fin 2020, *The Star*[1], quotidien malaisien, consacre deux pages au « vaccin meurtrier venu du dark web » et relaie l'alerte lancée par Interpol contre les vendeurs de faux vaccins ; des offres à 250 dollars (202 euros) payables en bitcoins ont été repérées à cette époque. Au printemps 2021, les prix à l'unité sont tombés à 39 dollars et on trouve des lots de 10, 120, 800 ou 1 000 doses ! Sans qu'on puisse déterminer s'il s'agit de vrais vaccins détournés ou de contrefaçons.

1. *The Star*, thestar.com.my/, cité par *Courrier international*, 23 décembre 2020, https://www.courrierinternational.com/une/malaisie-les-dangers-des-faux-vaccins-contre-le-covid-19-sur-le-dark-web.

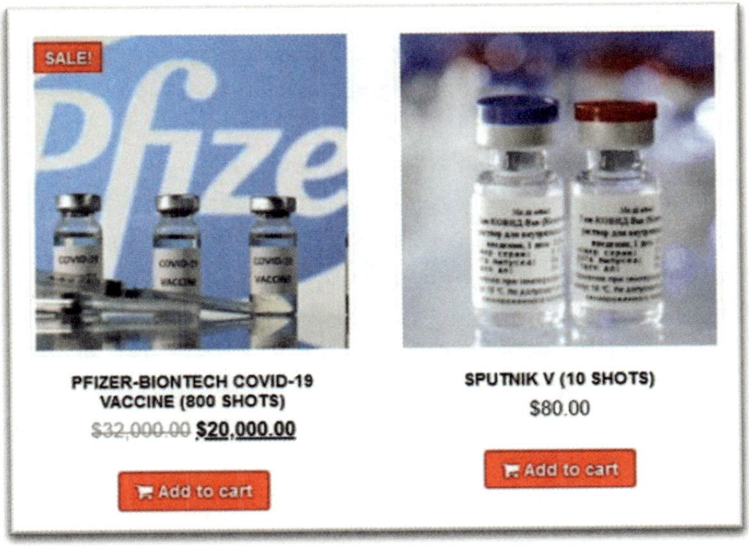

Figure 20 – Vaccins Covid.

Ces nouvelles entrées dans les catalogues ne font que confirmer une observation faite pour d'autres types d'articles : ces marchés, comme ceux du Clearweb, s'adaptent en permanence à la demande. Laquelle va croissant, principalement pour les usages détournés.

Le Tramadol, puissant analgésique contenant de la codéine et des extraits d'opium, est assez emblématique de l'explosion de la consommation de médicaments à effet psychotrope.

Un article[1] de l'hebdomadaire *Marianne* (d'où sont extraites les citations qui suivent) met en lumière ses modalités de commercialisation, les raisons de sa consommation et les conséquences médicales et sociales qui en découlent.

« À terme, il pourrait procurer une forte dépendance et une défonce comparable à un shoot d'héroïne à moindres frais. […]

1. Juliette Hay, in *Marianne*, 13 août 2018, https://www.marianne.net/monde/en-afrique-inquietudes-face-une-jeunesse-shootee-au-tramadol.

L'autre problème de ces comprimés saisis en Afrique de l'Ouest est leur dosage. Loin des 50 milligrammes habituels dans les pharmacies, les emballages – à l'iconographie évoquant la force, la vitalité ou la vigueur – mentionnent 100, 200, 250 milligrammes de substance active. [...]

Le médicament est également perçu comme un vecteur d'amélioration des performances sexuelles et de rallongement d'endurance pour le travail physique. [...]

Outre les milliers de décès et d'overdoses qu'elle provoque, la forte consommation de Tramadol génère de nombreux incidents du fait de ses effets secondaires : étourdissements, **sensation d'euphorie**, anxiété et **hallucinations**, **contribuant notamment à altérer le rapport à la peur et à la douleur**. De même, des **comprimés ont été retrouvés auprès de combattants terroristes de Boko Haram**. [...] »

C'est nous qui mettons en exergue le lien, inattendu, entre médicaments détournés de leur usage thérapeutique et extrémismes meurtriers.

Qui aurait pu imaginer que la criminalité pharmaceutique puisse parfois jouer un rôle dans l'engagement fanatique des terroristes ?

21

Des armes aux larmes

S'il est un secteur particulièrement florissant dans le Darknet – bien que loin derrière le trafic de stupéfiants –, c'est bien le marché des armes.

La recherche est d'une simplicité enfantine : en saisissant dans n'importe quel moteur de recherche du Darknet les mots *weapon* (« arme ») ou *gun* (« pistolet »), une liste interminable d'armureries clandestines apparaît. Les vendeurs sont classés en fonction des notes des acheteurs, qui n'hésitent d'ailleurs pas à se plaindre. Le prix des armes reste relativement élevé, ce qui se justifie, au vu de la demande.

Pour commander l'arme et les munitions désirées, il suffit de verser le prix en bitcoins auprès d'un escrow et de donner une adresse de livraison.

Mais les risques inhérents à la livraison semblent difficiles à éviter, quel que soit le pays. Plusieurs de ces vendeurs apportent les précisions suivantes :

> Nous n'envoyons pas partout nos armes. La possibilité d'être livré à une adresse donnée doit être vérifiée, en raison des mesures de sécurité dans certains États ou dans certains pays.

Et notre préféré :

> [redacted]
>
> Veuillez noter que si vous êtes un **agent fédéral**, vous êtes instantanément mis sur liste noire sans avertissement.

Oh, non ! Pas la liste noire…

Les sites sont clairs, informatifs. Les armes sont parfois photographiées sur un tissu portant le nom du vendeur, pour prouver qu'il ne s'agit pas de photos copiées d'un autre site et que le matériel est bien en sa possession.

Ces armes proviennent de plusieurs circuits. Les armes authentiques peuvent avoir été volées ou, beaucoup plus fréquemment, détournées depuis des pays auxquels elles sont officiellement vendues. Sinon, ce seront des copies ou des contrefaçons. Dans tous les cas, le plus complexe à gérer reste le transport et la livraison.

Dans les rubriques de questions-réponses des armureries, les vendeurs n'hésitent pas à expliquer aux clients potentiels quelles sont leurs méthodes d'emballage, en fonction des armes et équipements.

Il y a même de courtes vidéos explicatives, montrant comment elles sont démontées en pièces détachées, puis glissées dans différents objets d'apparence inoffensive, plutôt des appareils informatiques et électroniques, car la quantité de composants métalliques fait en général obstacle à la détection par radiographie.

Chaque arme fait ainsi l'objet d'envois séparés, pièce par pièce. Parfois jusqu'à une dizaine en fonction du type de l'arme. Les vendeurs précisent qu'il est préférable de disposer de plusieurs adresses de livraison pour éviter d'attirer l'attention… et qu'ils ne peuvent pas être tenus pour responsables des saisies par les services de douane. La preuve photographique de leurs envois et les bordereaux de remise suffisent à débloquer les précieux bitcoins. Ils envoient, ils encaissent et le client peut juste espérer que ses colis passeront entre les mailles du filet.

Continuant notre voyage du côté obscur, nous dénichons un site d'activistes tout aussi inquiétant.

Au menu, toutes les explications pour fabriquer des armes avec une imprimante 3D ! Les plans sont fournis gratuitement : une fois qu'ils les ont reçus, les acheteurs pourront fabriquer différents modèles d'armes en toute discrétion.

Dans la partie forum, des conseils sur le type d'imprimante et les produits à utiliser. Certains expliquent comment ils ont fabriqué poings américains et armes de poing mais n'hésitent pas à réutiliser des photos du Clearweb, comme cette photo d'une saisie par la police australienne !

Figure 21 – Armes fabriquées avec une imprimante 3D.

La candide de service… reprend du service :

– Ces armes *imprimées*, elles fonctionnent comment ?

– Elles sont calquées sur de vraies armes mais leurs formes sont encore peu ressemblantes en raison des contraintes mécaniques. Honnêtement, je ne me risquerais pas à utiliser un engin pareil. Je tiens trop à mes mains. Mais un criminel, lui, n'hésitera pas.

– Et les munitions, elles sont imprimées, aussi ?

– Non, ça c'est impossible pour le moment. Il y a des plans qui circulent pour fabriquer des cartouches, mais il faut quand même deux éléments particuliers qu'on ne peut pas imprimer, l'amorce et la poudre propulsive.

– Donc, c'est inutile ce genre de plans !

– Non, pas du tout, parce que les munitions sont beaucoup plus faciles à trouver que les armes. Cela peut se faire par l'entremise de tireurs sportifs ou de chasseurs qui ont le droit d'acheter à la fois des amorces et de la poudre pour recharger leurs cartouches.

– Tu as déjà traité des affaires impliquant des armes de ce type ?

– Non, pas encore. Mais j'ai appris qu'un groupe de *white hackers* (« hackers éthiques ») a décidé de lutter contre cette tendance avec une initiative très surprenante. Ils récupèrent les plans originaux et les modifient légèrement pour empêcher le fonctionnement des armes imprimées, les rendant totalement inopérantes. Ensuite ils inondent les sites dédiés avec ces plans sabotés.

– C'est quoi l'intérêt ? Les gens vont vite se rendre compte qu'ils ne sont pas bons et ils vont tester d'autres modèles !

– En fait, l'impression des composants d'une arme prend actuellement des dizaines d'heures-machine et coûte vraiment cher en produits. Les instigateurs de ce mouvement espèrent que ceux qui vont passer des jours et des jours à tenter de fabriquer ces armes finiront par abandonner au bout de quelques essais infructueux.

POUR MÉMOIRE

En France, la réglementation relative aux fabricants d'armes à feu stipule que « la fabrication d'armes légères, de munitions et/ou de leurs composants est autorisée, seulement si le fabricant est titulaire d'une licence en cours de validité. [...] Les entreprises de fabrication ou de commerce de matériels de guerre, d'armes, munitions ou de leurs éléments mentionnés au I de l'article L. 2332-1 du Code de la défense ne peuvent fonctionner et l'activité de leurs intermédiaires ou agents de publicité ne peut s'exercer qu'après autorisation de l'État ou sous son contrôle. »

Bref, si vous avez envie de vous lancer dans l'impression d'armes ou tout au moins de parties d'armes sans autorisation, vous risquez de gros ennuis : sur le plan pénal, c'est 5 ans de prison ! Même les armes en plastique tombent sous le coup de la loi, pour peu qu'elles fonctionnent.

Pour le moment, les imprimantes capables de reproduire toutes les pièces nécessaires à la fabrication d'une arme ne sont pas encore accessibles au grand public. Mais cela ne saurait tarder, vu la démocratisation des technologies.

– Et comment tu as pensé à ce titre : « Des armes aux larmes » ?

– Peut-être parce que, en presque quarante ans de carrière, j'ai vu ce qu'il y a APRÈS l'achat. J'ai vu, trop souvent, trop de corps criblés de balles, d'enfants déchiquetés au fusil à pompe, de cervelles au plafond, de mères... en larmes.

22

Vengeance !

Fort heureusement, tous les règlements de comptes ne passent pas par le recours aux armes. Il existe d'autres procédés, moins expéditifs mais non moins efficaces.

C'est ce qui nous attend sur le *Trollodrome*, un des rares forums francophones répertoriés sur les *Hidden Wikis*.

Le nom est fantaisiste et c'est un forum « non modéré », c'est-à-dire sans filtre à la publication ni contrôle a posteriori des commentaires : tout est possible !

Il n'y a pas d'option de recherche : nous faisons défiler les liens, en remontant le temps.

Très vite, nous tombons sur cette annonce, véritable morceau d'anthologie ! Les informations personnelles divulguées, parfois très intimes, rendent cette vendetta à la fois comique et pitoyable.

[Skyler 34]
Je mets en vente les papiers de mon ex j'ai en ma possession sa carte d'identité, sa carte vital, son dernier avis d'imposition, et sa carte bancaire avec le code de retrait, c'est une carte

>

World élite avec sa signature son rib ainsi qu'un autre rib d'une autre banque ou il met de coter (le compte de la carte world élite c'est un compte ou il met de l'argent de coter aussi donc il n'utilise pas cette carte il ne se rendra pas compte de sa disparition et de tout les documents car il est parti au Portugal pour une durée de 4 mois pour affaire avec son associer avec qui il couche. J'ai aussi un contrat de bail de location à son nom si sa intéresse. Je pense qu'avec tout sa vous pouvais soit prendre son identité ou soit faire faire dés crédits faites jouer votre imagination. Je ne le fait pas moi-même car j'ai pas envie qu'il ai des doutes sur moi. Je préfère vous vendre tout sa encaisser un peu d'argent et basta !!!! Je pense que c'est une sacrée opportunité à saisir. Tout les papiers son français. Il a un nom et une tronche qui passe partout. Je vend tout en lot avec en plus numéros de téléphone pour le pirater ses adresses mail etc… je vent tout à la même personne. Faites moi vos propositions je n'ai aucune idée de combien le vendre. Contacter moi sur mon mail
xxxxxxx@yahoo.com
Dans l'attente de conclure cette affaire exceptionnelle au plus offrant je vous souhaite une bonne journée.
Au passage si vous avais d'autre moyen pour que je puisse diffuser mon annonce sur le darkweb avec des liens je suis prenneuse. Merci ☺

Cette femme, trahie par un ex « parti au Portugal […] pour affaire avec son associer avec qui il couche » a mis sur pied une vengeance assez perfide.

Elle a d'abord prévu qu'il se fasse dépouiller financièrement, en proposant à la vente une carte bancaire World Elite avec code de retrait adossée à un compte « où il met de l'argent de côté ». Elle ajoute le RIB correspondant, ainsi que celui d'un autre compte (ce qui permet d'ouvrir une ligne téléphonique, par exemple).

Mais le projet principal, c'est que les acheteurs éventuels puissent « soit prendre son identité ou soit faire des crédits ». Pour ce faire, elle fournit « sa carte d'identité, sa carte vital, son dernier avis d'imposition ». Ce dernier est extrêmement utile en France car il comporte le numéro fiscal qui permet de s'identifier auprès de France Connect et d'avoir ainsi accès aux autres sites du portail Service public : impôts, changement d'adresse en ligne, CMU et indemnités journalières, immatriculation de véhicules, déclaration de naissance, etc.

Enfin, pour achever de lui gâcher la vie, elle ajoute en bonus ses « numéros de téléphone pour le pirater ses adresses mail » !

Une vengeance personnelle (avec un petit pécule au passage, en guise de dédommagement du préjudice moral, sans doute...) élaborée par une personne très remontée mais inexpérimentée, car elle donne une adresse mail classique. Erreur de débutante : c'est une imprudence que ne commettraient pas les professionnels, qui proposent des kits complets.

Un kit d'usurpation d'identité se vend aisément dans le Darkweb, car il permet d'aller plus loin que de simples faux papiers d'identité : il permet de recréer un profil complet, avec un grand nombre de justificatifs correspondant aux nécessités de la vie quotidienne.

Le développement du tout numérique pour un nombre croissant de démarches administratives et commerciales a fait le succès de ces kits car, sans vérification visuelle de l'identité par comparaison directe, il est beaucoup plus facile d'effectuer des démarches en ligne : abonnements téléphoniques, fournisseurs d'énergie, crédits à la consommation.

Dans les cas où le face-à-face est obligatoire (inscription en agences d'intérim pour des personnes sans titre légal de séjour, achat d'un véhicule auprès d'un professionnel), les documents devront être de qualité supérieure et envoyés à domicile, cachés dans un livre ou un magazine. Ils seront alors nettement plus chers.

Les sites proposant ces services dans le Darknet sont assez nombreux et référencés dans la catégorie des *Services commerciaux*. Leurs noms sont explicites, pour une plus grande visibilité : *Counterfeiting Center* (le Centre de la contrefaçon), *Fake Passport ID sale* et toutes les combinaisons imaginables de *ID*, *Passport* et *Fake*[1].

Les documents incontournables sont les passeports, les cartes d'identité et les permis de conduire, avec un large choix de nationalités. Certaines officines proposent des services plus complets avec une offre *Changement de vie* qui va jusqu'à la création de faux comptes offshore.

Figure 22 – Offre de faux papiers et faux comptes bancaires.

1. *Fake* : « contrefait » ; *ID* : *Identity Card*, « carte d'identité » ; *sale* : « vente ».

Comme sur tout site marchand qui se respecte, des notations chiffrées ou par étoiles ainsi que des commentaires rendent compte de l'avis – toujours très positif ! – des supposés clients et sont censés témoigner de la fiabilité du vendeur. Une bonne partie de ces évaluations est fictive. Les avis recensés sur les forums d'usagers sont beaucoup plus fiables.

Voici la traduction de l'avis d'un dénommé Dinesh, acquéreur d'un faux passeport :

> J'ai reçu mes documents et je me dépêche d'écrire ce commentaire. Le passeport britannique semble juste génial. J'ai comparé avec celui de mon ami et il n'y a pas de différence. Tous les hologrammes et filigranes sont au bon endroit. Je suis très satisfait parce que j'ai ouvert un bon compte de crédit avec la banque en deux heures. En fait, ça me prendrait plus d'un an pour faire ça avec mon passeport indien.

Suivant les prestataires, il sera possible aussi de commander, à son nom d'emprunt ou à son vrai nom, des justificatifs en vue d'un objectif précis :

- des fiches de paye et des relevés de comptes, permettant d'obtenir un crédit à la consommation ou un logement ;
- des ordonnances médicales, pour des médicaments utilisés comme stupéfiants ;
- des diplômes et certificats. Les fausses certifications de langue, par exemple, sont un produit très répandu. Le TOEFL (mis en vente à 500 dollars), test destiné à évaluer le niveau d'anglais académique, est un prérequis pour intégrer certains cursus de formation ou pour obtenir un visa dans un pays anglophone. Un bon score au TOEIC

(400 dollars), test qui évalue les compétences en anglais dans un contexte professionnel, peut être exigé pour postuler à des offres d'emploi.

Parfois, les prestataires de services proposent même l'enregistrement des divers justificatifs dans des bases de données officielles, pour ajouter un niveau supplémentaire d'authenticité. Les documents authentiques ayant servi de support à la réalisation des faux papiers peuvent avoir été glanés dans une poubelle, dérobés dans une boîte aux lettres ou volés par un pickpocket, être issus de piratages informatiques ou avoir été fournis par des professionnels de l'entourage de la victime ou, comme ici, par des proches.

L'usurpation d'identité peut être la source de soucis conséquents[1] pouvant durer des mois, voire des années, et, dans certains cas, aller jusqu'à détruire complètement la vie de la victime :

– poursuites judiciaires injustifiées et amendes indues qui s'accumulent et augmentent en cas de récidives pour des infractions commises par son « alter ego » ;
– obligation de dépôt de plainte puis procédure longue et parfois coûteuse pour avoir satisfaction et obtenir remboursement et dédommagement ;
– endettement causé par des échéances d'emprunts (souscrits en jonglant avec des modifications de coordonnées bancaires) et qui s'ajoutent parfois au crédit immobilier déjà souscrit à titre personnel. Avec, dans les cas extrêmes, la perte du logement. Ce qui peut entraîner la séparation d'avec ses proches.

Une forme de mort financière, sociale et affective…

1. La CNIL (Commission nationale de l'informatique et des libertés) récapitule l'ensemble des démarches à effectuer en cas d'usurpation d'identité : https://www.cnil.fr/cnil-direct/question/usurpation-didentite-sur-internet-comment-reagir?visiteur=part.

QUE FAIRE EN CAS D'USURPATION D'IDENTITÉ ?

Il s'agit d'une des infractions les plus éprouvantes et difficiles à faire cesser pour ceux qui en sont victimes. En effet, la justice demande souvent à la victime de prouver sa bonne foi.

Il faut déposer plainte de façon systématique pour chaque infraction et informer banques, organismes de prestations sociales, etc.

S'il n'y a pas de résultat, la plainte doit être déposée avec constitution de partie civile auprès du procureur de la République.

Pour éviter l'usurpation d'identité, il ne faut pas conserver dans son smartphone ou dans un ordinateur connecté à Internet les scans de documents officiels ; effacer après envoi les mails qui les contenaient en pièces jointes ; stocker ses données sur un support externe (disque dur externe, clé USB...) ou éventuellement sur le cloud.

Pour chaque création de profil, utiliser le moins possible sa véritable identité et privilégier les pseudos ; éviter de laisser traîner sur les réseaux sociaux des informations personnelles, tels un prénom, une date de naissance.

Utiliser au quotidien des outils de protection de la vie privée (VPN[1], chiffrement des données).

1. *VPN* (*Virtual Private Network*) : outil de cryptage des connexions.

23

Money, money !

Après les multiplicateurs de bitcoins, les fausses cartes bancaires et les placements fictifs en cryptomonnaie (qui relèvent du hacking et de l'escroquerie), aujourd'hui nous décidons de passer à la loupe le premier pilier du secteur monétaire : le cash, l'oseille, les biftons, le flouz. Bref, le business des faux billets, dans lequel les clients s'engagent en toute connaissance de cause.

Figure 23 – Contrefaçons de billets d'euros.

– Alors, toi, l'expert, tu ne penses pas qu'il s'agit d'escroqueries ?

– Pour la plupart ce sont de *vrais* faussaires. Il est plus facile et moins risqué d'envoyer quelques billets dans une enveloppe plutôt que des stupéfiants. Le problème se situe sur le plan de la qualité, qui n'est pas toujours au rendez-vous.

Depuis quelque temps, Alex utilise Tor. Un de ses copains lui a montré comment se connecter et faire tranquillement ses achats de shit. Il a reçu ses commandes sans souci et se sent tellement en confiance qu'il se fait livrer directement dans sa boîte aux lettres.

En parcourant les forums du Darknet, il découvre qu'on peut acheter de faux billets de 50 euros. Vendus 10 euros chacun ! Il en commande d'abord deux.

Une semaine après, il ouvre fébrilement l'enveloppe en provenance d'Italie. Les billets sont vraiment parfaits. Il décide de les essayer dans une petite supérette, loin de son quartier.

Le cœur battant la chamade, il paie ses achats avec un premier billet. La caissière le prend sans broncher et lui rend la monnaie. Il s'éloigne d'un pas rapide du magasin. Et réalise qu'il va pouvoir enfin dépenser sans compter ! Un autre essai dans un second petit commerce lui enlève toute appréhension.

À peine rentré chez lui, Alex commande une dizaine de billets à son fournisseur. Une semaine plus tard, les billets sont là : Alex est bien décidé à en profiter. Après avoir fait un premier achat de vérification dans une boulangerie, il se décide à passer la porte d'un grand magasin. Il choisit une petite télévision, à 200 euros, qu'il règle en liquide. La caissière vérifie les billets, une première fois puis une seconde. Et avant même qu'il ait pu renoncer à son achat, un agent de sécurité l'invite fermement à le suivre. Les policiers ne tardent pas. Alex, désespéré, leur remet les billets qui lui restent.

La PJ est saisie du dossier. Le jeune homme explique aux enquêteurs comment il a acheté les billets. ; il leur montre son portefeuille en bitcoins, qu'il alimente avec sa carte bancaire.

Lors de la perquisition à son domicile, les policiers tiquent un peu en voyant les doses de haschich, mais les quantités sont trop faibles pour justifier une procédure incidente. Son ordinateur est saisi.

Alex apprend par son avocat qu'il risque 10 ans de prison et 150 000 euros d'amende. Pour quelques faux billets...

Il sera finalement condamné à 4 ans de prison, dont 2 ferme.

Ce qu'ignorent beaucoup d'acheteurs de ces contrefaçons, c'est que l'État est particulièrement sévère quand on touche à sa monnaie. Cette infraction est classée dans le Code pénal, non pas dans la rubrique des « Crimes et délits contre les biens », mais dans celle des « Crimes et délits contre la nation, l'État et la paix publique » !

POUR MÉMOIRE

1) 30 ans de réclusion criminelle et 450 000 € d'amende en cas de contrefaçon ou de falsification de monnaie ayant cours légal en France.
2) 10 ans d'emprisonnement et 150 000 € d'amende pour le transport, la mise en circulation ou la détention, en vue de la mise en circulation, des signes monétaires contrefaits ou falsifiés visés à l'article 442-1. Lorsqu'ils sont commis en bande organisée, les mêmes faits sont punis de 30 ans de réclusion criminelle et de 450 000 € d'amende.
3) 2 ans d'emprisonnement et 30 000 € d'amende en cas de détention du matériel nécessaire à la fabrication de la fausse monnaie.
4) Peines complémentaires encourues dans tous les cas : interdiction des droits civiques, civils et de famille ; interdiction d'exercer un métier de la fonction publique ; interdiction de séjour pour les étrangers, soit à titre définitif, soit pour une durée de 10 ans.

[Articles 442-1 à 442-6 du Code pénal]

Pour avoir un ordre d'idée, en 2019, la BCE (Banque centrale européenne) a retiré de la circulation 559 000 faux billets. En 2020, la police chinoise a démantelé un réseau de faux-monnayeurs et saisi un montant record d'une valeur nominale de 422 millions de yuans (environ 55 millions d'euros).

Mais le dollar est le champion toutes catégories : c'est une des productions préférées des faussaires. Peut-être parce qu'il est moins difficile à reproduire que l'euro. En tout cas, les sites qui en proposent sont légion !

Ces infractions vont malheureusement continuer à prospérer. Tout d'abord, parce que avec les moyens actuels il est de plus en plus simple de fabriquer des faux de bonne qualité. Mais aussi, et surtout, parce que bon nombre de ces criminels, c'est ainsi que les qualifie la justice, ne voient pas où se situe le problème. D'un point de vue moral, ils ont le sentiment de ne vraiment voler personne. À part l'État. Mais, en France, ce n'est pas anodin !

Pour finir, un florilège de questions de clients et les réponses apportées par le vendeur :

– Je voudrais un échantillon.
– Si j'offrais des échantillons, je passerais toute la journée au bureau de poste. JE NE PEUX PAS envoyer mille petites lettres. Ce n'est pas mon activité principale, je vends juste les billets excédentaires que je ne peux pas dépenser. Si la qualité est mauvaise, j'accepte de rembourser 75 % du montant. Il n'y a pas d'exceptions.
– Comment sera-t-il emballé et expédié ?
– Nous expédions dans une enveloppe comme s'il s'agissait du règlement d'un produit. Pour éviter d'être détectés aux rayons X, les billets sont expédiés dans des sacs anti-rayons,

>

totalement sûrs. Si le colis est inspecté, ils trouveront avec les billets une fausse facture pour le paiement d'un ordinateur ou similaire. Le service postal national (laposte.fr, USPS US, etc.) est le moyen le plus sûr, et son coût est inclus dans notre prix (comptez 7-15 jours ouvrables). Mais si vous souhaitez que ce soit plus rapide, nous pouvons utiliser DHL ou FEDEX (90 à 180 euros selon la destination).

– Mon colis a été saisi par les douanes !
– Aucun remboursement possible ou réexpédition gratuite, désolé. Vous devez comprendre qu'il existe un risque de 5 % et en assumer la responsabilité lors de la commande. Cependant, je peux ajouter 20 billets gratuitement sur votre prochaine commande et utiliser des sacs anti-rayons pour plus de sécurité. N'oubliez pas : je prends des photos des colis et je garde les reçus d'expédition en cas de litige avec le *séquestre* !

Comme quoi, certains gestionnaires de sites marchands du Darkweb s'investissent dans la relation client !

Si ce n'est qu'ici, en cas de litige, pas de recours possible pour le consommateur, qui en sera de sa poche et sans pouvoir demander assistance à qui que ce soit !

24

Dark-Phones

Nous continuons notre déambulation dans les rues commerçantes du Darknet. Et ce ne sont pas les offres qui manquent !

Si certains sites jouent la carte de la variété, nombre de boutiques sont dédiées à un seul type de produit, voire à une marque emblématique.

Dans le domaine de la téléphonie, les sites dédiés à la « marque à la pomme » sont de loin majoritaires, Samsung se hissant à la deuxième marche du podium.

Pour se démarquer de la concurrence, certains n'hésitent pas à recruter du beau monde pour attirer le chaland, comme ce vendeur – ayant pris comme pseudonyme Apple Jesus – qui détourne tous les codes de la représentation traditionnelle du Sacré-Cœur de Jésus : le cœur étincelant surmonté d'une petite croix est remplacé par la pomme de la marque d'électronique, les deux doigts de la main droite – qui habituellement bénissent – tiennent une cigarette (ou un joint…), la position de la main gauche est identique, mais un verre à cocktail a été ajouté.

Ça fonctionne : le regard de l'internaute est attiré par le profil de ce vendeur qui réinterprète à sa manière la parabole des marchands du Temple.

Figure 24.1 – Vendeur Apple Jesus.

Certains sites mentionnent sans complexes que les produits qu'ils proposent sont des matériels volés. « Tombés du camion », comme on dit. Et l'histoire commence souvent par un cambriolage de boutiques ou d'entrepôts, ou même le vol de marchandise dans un camion de transport stationné sur une aire d'autoroute non sécurisée. Voire le vol du camion lui-même !

Il peut s'agir aussi du butin d'une des multiples arnaques dont sont régulièrement victimes Apple ou les sites marchands du Clearweb : une entreprise fictive qui passe commande de quelques dizaines ou centaines d'appareils, avec un règlement à 30 ou 60 jours… qui n'arrive jamais.

Ces deux méthodes permettent aux vendeurs-receleurs de se constituer des stocks de téléphones neufs qui peuvent être revendus sur le Darknet et leur laissent suffisamment de marge pour qu'ils puissent afficher de pseudo-promotions permanentes. Exemple : cet iPhone SE 256 GB (en vente en boutique à un prix équivalent à 800 dollars), affiché à 549 dollars et en promo à 275 dollars !

Figure 24.2 – iPhone vendu à prix cassé.

Certains des produits proposés sont tranquillement présentés comme des contrefaçons. Leur prix est alors encore plus faible que celui des matériels volés, mais leur qualité tout à fait aléatoire.

Comme les autres constructeurs, Apple mène une lutte acharnée contre tous ces revendeurs illicites, qui cassent les prix et impactent leurs ventes directes et celles de leurs partenaires officiels. Ainsi, au moment même où les téléphones enregistrés comme volés se connectent au réseau, ils sont désactivés à distance de façon définitive. Sans remboursement ni échange…

25

De Konga le gorille à Jean-Paul Sartre

Les objets technologiques en tout genre pullulent dans le Darkweb. Mais ne parle-t-on pas d'« objets culturels » pour les livres ? Direction la rubrique *Books* d'un annuaire de liens : treize sites et un portail. Pêle-mêle, les poètes futuristes russes en version originale, la *Bible* (notons cette possibilité d'accès, dans des contextes de censure religieuse), une collection d'écrits de Marx et Engels et... *Comic Book Library*. Pourquoi pas ? La bande dessinée est bien appelée le neuvième art !

La page d'accueil change à chaque connexion : on y voit des fanzines en N&B, des Disney, des héros Marvel. Rien de très subversif, à première vue. Plus de 2 200 bandes dessinées, très majoritairement américaines, de 1937 à 2017 : un coup de projecteur sur quatre-vingts ans de BD ! Avec des recherches possibles par titre, par éditeur, par année, par mot clé et même... par scanneur : le site est en effet alimenté par des passionnés qui scannent page par page leurs collections personnelles.

Cette démarche est similaire à celle des militants qui animent et administrent l'Imperial Library of Trantor[1]. Cette bibliothèque en ligne, figurant en bonne place dans la rubrique *Books* de tous les *Hidden Wikis*, propose des milliers d'ouvrages

1. Les fans de la trilogie *Fondation* d'Isaac Asimov apprécieront !

en accès libre et gratuit. Nombre d'entre eux ne sont pas encore tombés dans le domaine public, ce qui renvoie dos à dos les partisans du droit à la culture pour tous – en effaçant l'obstacle financier de l'acte d'achat – et les défenseurs du droit d'auteur – juste rémunération du travail de l'auteur.

Figure 25 – Page d'accueil du site *Comic Book Library*.

En ce qui concerne l'équipe des scanneurs, la question à se poser est de savoir quels sont les ressorts de cette libre mise à disposition :

- est-ce la volonté de contrer la censure d'albums considérés comme choquants et contraires à la morale ?
- ou bien le souhait, pour les amateurs qui se chargent des scans, de partager leurs coups de cœur et de redonner une seconde vie à des ouvrages introuvables, y compris sur le marché de l'occasion ?

– ou alors un acte militant : l'objet culturel ne peut pas, ne doit pas être un bien marchand. Et ce, quelles qu'en soient les conséquences pour l'ensemble des acteurs de la chaîne du livre, à commencer par les auteurs.

Tentative de réponse avec les quelques exemples qui suivent (couvertures à découvrir dans le Clearweb...).

Konga le gorille est représentatif des *comics* américains des années 1950, par son graphisme et les thèmes abordés.

Tous les albums de la série ne sont en vente qu'en format liseuse. Donc dans un format nettement plus réduit que l'original, ce qui peut gâcher le plaisir de certains bédéphiles qui seraient alors tentés de se tourner vers des modes d'accès illégaux, dont le Darkweb.

Avec *Yummy Fur*[1], on quitte la bande dessinée traditionnelle pour entrer dans ce qu'on nomme le « roman graphique ».

Cette série, « pour lecteurs matures », pourtant nommée pour un prix littéraire, a fait l'objet de censures et de difficultés de distribution répétées, ce qui explique la rareté de certains numéros, y compris sur le marché d'occasion ; le Darkweb devient alors une ressource possible.

Avec la série *Action philosophers !* la bande dessinée se fait éducative, de façon décomplexée et percutante, en présentant de grands penseurs et philosophes. Dans le numéro *Hate the French*, ce sont « les génies gaulois », dont Jean-Paul Sartre.

Un type de BD qu'on n'aurait jamais pu découvrir sans les passeurs de livres de ce site. Vulgarisation des idées et humour : de quoi donner envie d'acquérir toute la série. Une utilisation du Darkweb un peu à contre-courant : s'en servir pour dénicher de quoi se régaler ensuite sur « l'autre rive » !

1. Pourrait se traduire par *Fourrure délicieuse*... ou *Miam Fourrure*.

L'album *Fearless Colors* est d'un des rares auteurs français du site, Samplerman. Alias du plasticien breton Yvang. De son vrai nom, Yvan Guillo. Un auteur masquant son identité sous plusieurs pseudonymes successifs, un peu comme les couches d'oignon de Tor…

Il détoure des fragments de *comics*, puis les réorganise en collages numériques. Paradoxe d'un auteur utilisant le scanner comme outil de création… et voit son œuvre scannée à son tour.

Germe alors l'idée de demander à l'arroseur arrosé ce qu'il pense de tout ça ! Abigaelle déniche ses coordonnées et entame alors une petite interview par téléphone.

– Yvang, est-ce que vous saviez que votre ouvrage de 2017, *Fearless*, se trouve scanné et en libre accès, dans le Darkweb ?
– Non. Je n'y suis même jamais allé…
– Il est toujours en vente sur les sites marchands. Ça peut entraîner un certain manque à gagner en droits d'auteur si vous perdez des ventes, non ?
– Perdre de l'argent, non, pas vraiment ! Il n'a été édité qu'à 1 500 exemplaires ; les pertes potentielles sont à la hauteur du volume de ventes dans le circuit officiel : négligeables…
– Donc, pour vous, la diffusion libre de votre travail ne pose pas vraiment problème ?
– Non. Ce sont les gros poissons, les célébrités, qui hurlent au scandale à propos du piratage. Nous ne sommes pas concernés, nous, les « gagne-petit ». C'est le prix du Festival d'Angoulême, remporté en 2019, qui me donnera peut-être un coup de pouce…
– Vous ne remettez donc pas en cause la position défendue par les « cryptoanarchistes », ces théoriciens du Darknet qui avaient milité dès les origines pour une abolition du principe de la propriété intellectuelle ? Ils voulaient « libé-

rer » les livres et toutes les formes de création (musique, cinéma, etc.) de cet obstacle juridique à un accès à la culture pour tous.

– Je suis plutôt d'accord avec ça, en fait… D'ailleurs, les planches qui sont réunies dans ce recueil avaient déjà été publiées au fur et à mesure sur le Net et la majeure partie de mon travail est en libre consultation sur Instagram et Tumblr. […]

L'essentiel est bien là. Dans le libre accès – offert à tous – à l'humour, à la philosophie, à l'art et à la culture.

PARTIE IV

PORNO BUSINESS

Nous avions dit, en introduction, que le Darknet est une réplique du monde physique. Il s'agit plus précisément d'un miroir qui le reflète ; mais un miroir grossissant et déformant.

On n'y trouve pas plus de pornographie. Mais celle-ci sera plus marginale, plus dégradante, plus violente, voire pathologique.

26

Dessine-moi un mouflon…

Après notre incursion au pays de la BD, nous avons le projet de partir à la recherche de nouvelles contrées artistiques à explorer et lançons des requêtes avec les mots clés « peinture », « dessin », « œuvre ». Les résultats ne vont pas manquer de nous surprendre, nous menant aux frontières d'un tout autre territoire.

Parmi les quelques réponses qui s'affichent, nous découvrons le monde des *yiffies*. Le mot dérive de *yiff*, qui serait le cri des renards pendant l'accouplement… Ces sites se ressemblent tous : pas de texte, pas de commentaires. Juste des collections de dessins, toujours en couleur, représentant un, deux ou trois personnages pour le moins étonnants…

Il y a bien un, pardon, une renarde. Qui n'a pas froid aux yeux et nous regarde, debout et souriante, en veste et casquette de flic américain, les menottes à la main, dévoilant des attributs très féminins…

On ne peut manquer le loup-garou tacheté de vert et bleu fluo en train de sodomiser Bugs Bunny qui s'exclame : « *What's up, doc ?* »

Le plan à trois entre un âne couché sur le dos, pattes en l'air, et deux créatures mi-animales mi-humaines – une tigresse et… un mouflon – nous laisse pantois.

Grand moment de solitude : que choisir pour illustrer ce

sujet ? Allez, ce sera le (relativement) soft accouplement entre une humaine et un lynx-garou bodybuildé…

Figure 26 – Hentaï de type *furry*.

Les *yiffies* sont donc des images pornographiques – dessins animés ou *hentaïs* (mangas pornographiques d'origine japonaise) – représentant des animaux anthropomorphes, seuls ou avec des humains.

Les caractéristiques humaines peuvent être purement physiques (bipédie, postures, pouce opposable permettant certains gestes), mixtes (parole, expressions faciales exprimant des sentiments) ou relever du mode de vie (port de vêtements, utilisation d'objets). Tous les niveaux d'hybridation sont possibles, du moment qu'il existe un mélange d'attributs humains et animaux : oreilles et queue ajoutées à des personnages humains de style manga, animaux héros de dessins animés pour enfants mais pourvus d'attributs sexuels humains, animaux domestiques ou sauvages aux postures humaines…

Ces images sont très prisées par un des courants *furry*. Le *furry* (terme dérivé de *fur*, la « fourrure ») est un mouvement culturel rassemblant tout ce qui touche l'attrait pour les animaux anthropomorphes, notamment ceux dotés d'un pelage. Simple divertissement pour certains, identification d'ordre quasi chamanique pour d'autres. Et, pour une minorité de *furries*, il s'agit d'une « paraphilie », une forme de sexualité différant de la norme ; en l'occurrence, l'attirance pour des pratiques sexuelles mettant en scène des animaux anthropomorphes, le *yiffing*[1]. Cette sexualité sera vécue parfois entre *furries* en costume mais surtout par la production, le commerce et la consommation de *yiffies*.

Pour ce qui est des pratiques hors normes, la communauté *furry* est partagée en ce qui concerne la zoophilie. « Beaucoup insistent sur le fait que la tolérance doit être absolue, alors que d'autres ressentent que l'association d'une telle pratique – illégale dans de nombreux endroits – avec le *fandom* [ensemble de fans regroupés autour d'un domaine particulier] pourrait lui nuire : elle est considérée par beaucoup comme un abus sur les animaux. Le *fandom*, divisé entre tolérance et protection des animaux, conteste fortement l'acceptation de la zoophilie pour se protéger d'amalgames un peu trop rapides[2]. »

---

1. https://fr.wikifur.com.
2. *Ibid.*

27

Le Rêve de la femme du pêcheur

Les *furries*, ou du moins ceux qui y associent des pratiques zoophiles, nous amènent tout naturellement à rechercher ce qu'on trouve en la matière dans le Darkweb.

Pour résumer : des chiens, des chevaux, quelques ânes… parfois des chiennes et des juments. Mais le thème central semble être le sexe avec des animaux mâles, pour les hommes comme pour les femmes. Ou plus exactement, *avec* des femmes qui semblent souvent être *objets* des fantasmes masculins plutôt que *sujets* de leurs propres fantasmes.

En lieu et place d'une description forcément glauque de ce que nous avons pu voir – globalement pire dans le Darkweb que sur les quelques sites trouvés sur Internet – nous laissons la parole à Charles Richards. Son texte, *A Kingdom of Love*, oscille entre poésie douteuse et crudité vulgaire, passant volontiers de l'une à l'autre. Dans les *Hidden Wikis*, cette nouvelle peut se trouver selon les cas dans la rubrique *Sex*… ou bien *Culture*. Nous vous laissons juge, avec ce passage, choisi parmi les plus sobres !

« Joan sentit le premier crachat brûlant du sperme du cheval fuser dans son canal, et la sensation la fit trembler jusqu'au plus profond de son être. C'était comme si elle était une éponge juste devant une rivière rugissante, et que son corps absorbait le foutre jusqu'à en déborder. »

La suite, vous pouvez la découvrir sur Internet, le texte s'y trouve facilement.

Ce qui nous choque le plus dans ce texte, c'est le titre : *Royaume de l'Amour* ! Curieuse vision (pour nous, en tout cas) de l'amour…

● CAFÉ PHILO ●

Dans la qualification de viol chez les êtres humains, c'est l'absence de consentement qui prime : « par violence, contrainte, menace ou surprise[1] ».

Avec un animal, le consentement n'est évidemment pas vérifiable. Des paramètres comme l'obéissance aux ordres humains dans le cas d'animaux domestiques ou la difficulté d'interprétation des signaux comportementaux d'espèces différentes de la nôtre sont à prendre en compte.

Comme pour pédophilie, le terme même de zoophilie (amour des animaux) prête à confusion : certains pratiquants revendiquent une réelle relation d'affection et non un acte de nature purement sexuelle. Mais de nombreux experts rejettent l'idée que la zoosexualité puisse être éthique, c'est-à-dire responsable et aimante. Et les séquelles émotionnelles peuvent affecter durablement l'animal[2].

Que penser alors de cette formule « *my equine lover* » ? Elle figure sur un forum, en réponse à une question posée par un utilisateur sur l'éventualité de tourner dans un film zoophile ; et si oui, pour quelle rémunération et si ce serait envisageable

1. Article 222-23 du Code pénal, modifié par la loi n° 2018-703 du 3 août 2018, art. 2.

2. https://medium.com/mel-magazine/what-activists-are-doing-to-fight-the-rampant-growth-of-bestiality-f1fb9b7985fd.

à visage découvert : « J'accepterais tant que c'est avec mon amour de cheval, l'argent n'est pas un problème et non je n'accepterais pas qu'on voie mon visage. »

– Au niveau judiciaire, ça se passe comment, ce genre de choses ?

– Le plus souvent, le seul critère reconnu est la violence physique infligée à l'animal, notamment lors de pénétration d'animaux de petit gabarit. Mais la justice a rarement à se prononcer sur des faits de cette nature.

– Pourquoi ?

– Parce qu'ils se déroulent au sein de cercles privés, avec l'accord ou à l'initiative des propriétaires des animaux.

POUR MÉMOIRE

En France, le Code pénal dispose que « Le fait, publiquement ou non, d'exercer des sévices graves, ou de nature sexuelle, ou de commettre un acte de cruauté envers un animal domestique, ou apprivoisé, ou tenu en captivité, est puni de 3 ans d'emprisonnement et de 45 000 euros d'amende[1]. » La *loi n° 2021-1539 du 30 novembre 2021 visant à lutter contre la maltraitance animale et conforter le lien entre les animaux et les hommes*[2], en plus d'aggraver les peines de base, considère comme circonstance aggravante le fait de commettre ces délits « en présence de mineurs » ou lorsque les faits sont commis « par le propriétaire ou le gardien de l'animal » et porte les peines à « 5 ans d'emprisonnement et à 75 000 euros d'amende ». « Lorsque les faits ont entraîné la mort de

1. Article 521-1, modifié par l'ordonnance n° 2006-1224 du 5 octobre 2006 et par la loi n° 2021-1539 du 30 novembre 2021.

2. https://www.legifrance.gouv.fr/jorf/id/JORFTEXT000044387560.

l'animal, les peines sont portées à 5 ans d'emprisonnement et à 75 000 euros d'amende. »

Par contre la proposition définit une nouvelle infraction : « Le fait de proposer, de solliciter ou d'accepter des relations sexuelles telles que définies à l'article 521-3, par quelque moyen que ce soit », qui aurait été punissable « d'un an d'emprisonnement et de 15 000 euros d'amende » n'a pas été retenue.

On notera que le législateur ne condamne pas – et donc autorise de fait... – les actes de nature sexuelle avec les animaux sauvages en liberté.

Il y a une explication rationnelle à cet « oubli » : le droit français distingue ce qui est une personne (morale ou physique) de ce qui est un bien. « Sous réserve des lois qui les protègent », les animaux restent « soumis au régime des biens ». Un animal sauvage en liberté n'est la propriété de personne et n'est donc pas protégé de la même façon.

– Tiens, Pierre, puisqu'on parle d'animaux sauvages, tu as déjà entendu parler de « formicophilie » ?

– Tu devrais arrêter avec les encyclopédies en ligne... Qu'est-ce que c'est, la formicophilie ? Faire des trucs chelous avec des fourmis ?!

– Exactement ! C'est l'excitation sexuelle provoquée par des fourmis ou autres insectes (comme des cafards...) rampant sur soi ou *en soi.* Au sens large, le terme qualifie aussi toutes les intromissions dans un orifice naturel, rectum ou vagin, de petits animaux vivants. Il paraît que le monde aquatique est surreprésenté, avec par exemple des poissons rouges chez les femmes, alors que les anguilles sont plus populaires chez les hommes.

– Mais oui, le poulpe !

– Quel poulpe ? Tu parles de la pieuvre dans *Le Rêve de la femme du pêcheur* de Hokusai ?

Figure 27 – *Le Rêve de la femme du pêcheur* de Hokusai[1].

– Le Japonais qui a peint *La Vague* ? Je ne savais pas qu'il avait traité ce sujet. On trouve souvent ça dans les *hentaïs* : c'est un moyen de montrer des actes sexuels tout en respectant une forme de censure. Pieuvre ou poulpe, c'est la même bestiole ; avec une tête molle, sans os comme c'est le cas pour la seiche ou le calmar : tu vas voir que c'est important ! Imagine-toi qu'un jour…

On part pour une arrestation pédo. Dans le cadre de la perquisition informatique, j'explore tous les fichiers, dont une majorité a été téléchargée depuis Tor. Parmi ceux-là, un des répertoires indique qu'il s'agirait de zoophilie. Je vérifie que ce n'est pas une façon comme une autre pour le mis en cause d'avoir voulu cacher la nature pédocriminelle de ses visionnages.

1. Crédits : http://www.rotten.com/library/sex/rape/tentacle-rape/, Domaine public, https://commons.wikimedia.org/w/index.php?curid=120391.

Et je tombe sur CETTE vidéo, classée dans ses favoris. Au début, c'est soft. Une jeune Asiatique se caresse les seins. Puis ses mains descendent plus bas. Encore plus bas. Et sortent du champ de vision de la caméra. Et, sous le regard ébahi, puis effaré et enfin dégoûté de trois fonctionnaires de police dont la mâchoire se décroche (une vraie scène de cartoon !), la jeune femme montre à la caméra son compagnon de jeux érotiques…

Elle s'introduit alors un poulpe vivant dans le vagin. La tête d'abord, puis les tentacules, l'un après l'autre. Comme on l'apprend aux enfants, ces animaux sont des octopodes. Donc, huit bras recouverts de rangées de ventouses… Elle exprime son plaisir par de petits cris étouffés, tout en retenue. Le dernier tentacule[1] *disparaît à son tour, rattrapé de justesse. Puis elle ressort la bête qui s'agite toujours. Sans qu'on puisse deviner ce qu'elle pense de tout ça, avec ses neuf cerveaux…*

– Et alors, qu'est-ce que vous avez fait ?

– Procédure classique pour les fichiers pédopornographiques. Pour le poulpe… rien, parce que la législation ne prévoyait rien à l'époque. Mais les choses vont peut-être changer puisque la zoopornographie – qui jusqu'à présent n'existait pas au regard de la loi – risque d'être bientôt pénalisée.

POUR MÉMOIRE

La loi du 30 novembre 2021 stipule dans un nouvel article 521-1-2 du Code pénal que l'enregistrement d'images relatives à la commission des sévices sur animal, notamment de nature sexuelle, est constitutif d'un acte de complicité et soumis aux mêmes peines. La diffusion

1. Techniquement, il n'y a que le calmar et la seiche qui aient deux tentacules en plus des huit bras communs à tous les céphalopodes. Mais les tentacules n'ont de ventouses qu'à leur extrémité, alors que les bras en ont tout du long : ça peut avoir son importance…

de ces images sur Internet est également sanctionnée, mais un peu moins lourdement.

Là encore, la présence d'un mineur sur les images de zoopornographie est considérée comme circonstance aggravante.

Car la zoopédopornographie existe bien… Elle existe puisque des enfants sont contraints, incités, encouragés, autorisés – peu importent les contorsions linguistiques – à pratiquer des actes de nature sexuelle avec des animaux, et que ces actes sont filmés ou photographiés et les images largement diffusées.

Comme cela se fait beaucoup sur les médias sociaux pour tout et n'importe quoi (le Covid, les retraites, la transition écologique…), détournons, nous aussi, des couvertures de *Martine*[1]. Ce sera peut-être moins violent et tout aussi clair que des descriptions…

Les images existent déjà : nous les avons malheureusement toutes vues dans la rubrique *zoo* des sites pédopornographiques. Et il ne s'agissait pas de dessins, hélas… Contentons-nous de leur donner un titre :

– *Martine embrasse un chien avec la langue* ;
– *Martine masturbe son petit chien* ;
– *Martine suce un épagneul breton* ;
– *Martine prise par un doberman.*

Elle aime bien les chiens, Martine. Elle en a un d'ailleurs, un teckel qui s'appelle Patapouf. Elle aime moins certains chevaux, par contre.

– *Martine assise, en pleurs, recouverte de sperme de cheval.*

Une enfance dévastée, dévoyée.

Une des facettes du Darknet…

1. Série des *Martine*, grand classique des livres pour enfants, dont le titre comporte toujours le prénom de la petite héroïne.

28

Du sang, de la sueur... et des statistiques

Une autre facette du Darknet, et non des moindres, est sa capacité à faire commerce de tout.

Ce qu'on va surtout trouver dans le *dark*, ce sont des vendeurs. Parfois eux-mêmes jouisseurs de ce qu'ils partagent ; mais le plus souvent simples commerçants cyniques ou escrocs patentés, exploitant les noirceurs de l'âme humaine.

Et les pervers, les dépravés malsains se trouvent aussi de notre côté du miroir, celui des consommateurs, celui des clients qui créent la demande et, in fine, génèrent et structurent l'offre. L'autre côté du miroir, c'est le village voisin, l'immeuble d'en face, la porte d'à côté...

De la rencontre de ces deux forces – l'argent et le sordide – sont nés les milliers de sites qui font commerce de l'abject.

Pour les premiers pas de notre exploratrice dans le dédale de la pornographie sur le Darkweb, son guide l'avait conduite sur l'un des plus gros sites, qui proposait ce jour-là 1 409 162 vidéos. Un million et demi !

Comme toujours ou presque, des photos en libre accès extraites de vidéos payantes pour appâter le visiteur et l'inciter à passer à la caisse.

Ce site marchand va en toute logique mettre en avant les produits les plus vendeurs. Voilà qui devrait donner une assez bonne idée de l'éventail des goûts de ceux qui fréquentent ces sites.

5 colonnes de 10 photos, soit 50 extraits : ça va être plus facile pour calculer les pourcentages. Le total fait plus de 100 %, car certaines vidéos relèvent de deux ou trois catégories.

- pédopornographie (du bébé à l'adolescent) : 18, soit 36 % ;
- viols et violences (hors enfants) : 11, soit 22 % ;
- meurtres, cadavres (humains et animaux), autopsies : 10, soit 20 % ;
- zoosexualité (dont un viol manifeste) : 8, soit 16 %.

Sur ce nouveau front de l'horreur, pas de chair à canon, mais de la chair à pulsions. De la viande morte, humaine ou animale. Encore frémissante ou déjà charogne. De la viande sur pied. Ou sur pattes. De la chair tendre, de la chair fraîche.

- scatologie : 4, donc 8 % ;
- soft, voire érotique : 4, donc 8 % ;
- indéterminé : 1. Intitulée *Rajasthan*, on y voit un homme de type indien, semblant marcher ou courir dans la rue. Après visionnage, cette photo rejoindrait sans doute la catégorie *meurtres*…

Il doit y avoir une erreur de sélection, quand même : pourquoi – sur un site porno – des cadavres dans la rue ? Ou encore un scalp rabattu sur l'arrière d'un crâne ? Non, ce n'est pas la bourde d'un stagiaire étourdi. La violence, le meurtre, le sang, la sueur et les larmes excitent certains. La quantité de contenus *hurtcore* – catégorie de pornographie associée à une violence extrême, voire à de la torture – en atteste.

L'antique dualisme d'Éros et Thanatos. Le sexe et la mort…

29

Une bien vilaine maladie…

Éros et Thanatos…

Il est une pratique qui transgresse, qui fait voler en éclats un des derniers tabous. Et ce, dans toutes les cultures, présentes et passées : le respect dû aux morts, hormis l'atteinte volontaire aux cadavres d'ennemis[1]. L'interdit est à ce point intériorisé que les mots eux-mêmes sont frappés d'interdit : cette pratique relève, au sens strict, de l'innommable… C'est ainsi que le Code pénal punit la nécrophilie sans la nommer.

POUR MÉMOIRE

« Toute atteinte à l'intégrité du cadavre, par quelque moyen que ce soit, est punie d'un an d'emprisonnement et de 15 000 euros d'amende.

La violation ou la profanation, par quelque moyen que ce soit, de tombeaux, de sépultures, d'urnes cinéraires ou de monuments édifiés à la mémoire des morts

1. C'est sur cet aspect de sacrilège, notamment, que jouent les terroristes de l'État islamique lors de leurs mises en scène macabres.

est punie d'un an d'emprisonnement et de 15 000 euros d'amende.

La peine est portée à 2 ans d'emprisonnement et à 30 000 euros d'amende lorsque les infractions définies à l'alinéa précédent ont été accompagnées d'atteinte à l'intégrité du cadavre[1]. »

L'historienne Amandine Malivin, qui a étudié le phénomène dans la société française au XIXe siècle[2], livre son analyse de cette réticence du législateur : « La nécrophilie est vouée à demeurer une anomalie, un crime moral exceptionnel qu'il vaut mieux mal juger à l'occasion qu'admettre comme crime ou délit dans les textes. »

Première constatation : il n'est pas facile de trouver, même sur le Darkweb, des sites spécialisés. C'est rassurant d'une certaine façon : en vertu de la loi de l'offre et de la demande, s'il y a peu de publications, c'est qu'il y a peu de public intéressé !

Nous finissons par trouver deux sites en lien avec notre recherche.

Le premier propose en libre accès cinq photos, manifestement prises dans une salle d'autopsie ou une morgue, dont trois semblent montrer une pénétration. Nous restons dubitatifs : il pourrait aussi bien s'agir de mises en scène, avec des modèles au corps maquillé. Pour avoir un accès au reste du

1. Article 225-17, modifié par la loi n° 2008-1350 du 19 décembre 2008.

2. http://sexes.blogs.liberation.fr/2012/12/03/la-necrophilie-nest-pas-condamnee-par-la-loi-francaise/ et *Voluptés macabres. La nécrophilie au XIXe siècle*, thèse pour le doctorat en histoire et civilisations, sous la direction de Gabrielle Houbre, université Paris Diderot-Paris VII, 2012.

site (avec des « mises à jour quotidiennes », nous promet-on), il faut passer à la caisse.

Le second site est un site gore généraliste, avec quantité de sous-rubriques dont la première justement est intitulée *necrophilia*. L'ensemble du site est payant. Outre le fait que nous n'envisageons pas de dépenser la moindre fraction de bitcoin pour ce genre de contenu, la question se pose de savoir si, d'un point de vue judiciaire, cela changerait quelque chose et aggraverait les sanctions éventuelles.

POUR MÉMOIRE

Quelle que soit l'infraction, le fait d'avoir payé pour la commettre y ajoute un degré supplémentaire de gravité et entraîne une sanction plus lourde, car cela dénote une action délibérée, réfléchie, dans laquelle on s'est résolument engagé.

Mais si l'atteinte à l'intégrité d'un cadavre est bien punie par la loi, rien n'est précisé sur la diffusion et la consommation d'images. Donc, s'il n'y a pas d'infraction, il n'y aura pas de sanction.

Bon, même si nous ne risquons rien d'un point de vue juridique, nous imaginions pouvoir trouver un forum de nécrophiles. Peine perdue ! S'il en existe, ils sont bien cachés, dans des strates du Darkweb où il faut être parrainé pour y accéder.

Ce que semble corroborer cette demande, postée sous le titre *Nécrophilie* sur le *Trollodrome*, le forum francophone généraliste où l'on trouve un peu de tout.

02/02/2020
[manon]

Je recherche des personnes connaissant des contacts ou des sites spécifiques ici sur dw.
Les medecins legistes et les photographes, les dossiers de police, les travailleurs de pompes funèbres seraient bien
Je suis pret payer pour du materiel exclusif.

>

Ce qui nous fait tiquer, c'est le pseudonyme féminin (« prêt » et non pas « prête » n'est pas forcément significatif). Deux hypothèses sont plausibles. Ou bien c'est un tordu qui veut brouiller les pistes. Mais pourquoi ? Il est déjà sur Tor, donc a priori anonyme. Ou bien c'est une étudiante en socio-psycho-journalisme. (Tiens, c'est curieux : pourquoi est-ce que nous censurons l'idée d'*une* tordue ?...)

Nous avons surveillé le fil de discussion un certain temps. Sans jamais voir de commentaire public. Et pourtant, il y a des gens que le sujet obsède...

Sur un forum du Darkweb, je découvre des selfies d'un homme vêtu d'une tenue d'hôpital, prenant la pose à côté de cadavres dans une morgue. Le sordide fait vite place à l'horreur. L'homme déshabille les cadavres féminins et se met en scène dans des parodies sexuelles innommables.

Mais aucun élément probant ne permet de l'identifier ou de retrouver la morgue où il opère.

Le hasard – ou le destin – va pourtant permettre de confondre l'homme.

Julie souffre depuis quelque temps d'une infection douloureuse. Elle se décide à consulter son gynécologue. Le praticien procède à un prélèvement pour tenter de déterminer l'agent pathogène. Quelques jours plus tard, ses yeux s'écarquillent en consultant les résultats. Impossible ! Il demande au laboratoire de refaire les analyses. Aucune erreur.

Le spécialiste demande à Julie de venir de toute urgence au cabinet, avec son copain Albert. Il reçoit d'abord la jeune femme et l'interroge sur ses activités récentes, ses pratiques sexuelles. Rien de particulier. Il demande alors à recevoir Albert seul à seul.

– Avez-vous des relations sexuelles en dehors de votre couple ?

– Je... En fait...

– C'est une pathologie grave dont souffre votre compagne. Vous êtes probablement touché vous aussi. Je dois savoir !

Albert se laisse tomber sur une chaise, puis se prend la tête entre les mains.

– C'est ma faute, ne cherchez pas... Je travaille à la morgue. Parfois, quand il y a une jolie femme qui arrive, je... je joue un peu avec. Et je prends des photos que je poste sur le Darkweb. Et après, je lis les commentaires...

Le gynécologue s'assied lourdement à son tour, abasourdi par cette révélation. Ce gamin de 26 ans est nécrophile !

Le praticien dénonce les faits ; une alerte est diffusée dans les services de police et gendarmerie et, dès qu'elle nous parvient, le lien est fait avec les selfies.

Julie a fini par guérir, sans Albert. Lui, a été hospitalisé en hôpital psychiatrique quelque temps. Ses parents sont complètement détruits par la découverte des penchants de leur fils. Comment expliquer et pardonner l'impensable ?

La « bien vilaine maladie » de cette histoire serait-elle autre chose qu'une vulgaire MST ?

La psychiatrie moderne a remplacé le terme de « perversion », jugé péjoratif et empreint de jugement, par celui de « paraphilie ». Le DSM-V, la nomenclature des troubles psychiques et psychiatriques la plus utilisée, classe la nécrophilie dans cette catégorie. Mais en précisant qu'une paraphilie n'est pas en elle-même un trouble mental. Pour qu'elle le soit, il faut qu'elle soit « associée à une souffrance cliniquement significative ou à une altération du fonctionnement [dans le domaine] social, professionnel ou dans d'autres domaines importants[1] ». Dans le cas évoqué, l'existence de grosses « altérations » ne souffrait aucun doute !

1. *Diagnostic and Statistical Manual of Mental Disorders*, American Psychiatric Association, 22 mai 2013.

30

Cosmisme

Nous quittons, pour un temps, les eaux troubles de la pornographie pour revenir à des contenus plus intéressants à étudier.

Suite à notre visite en immersion (« en apnée » serait peut-être plus juste...) chez les nostalgiques du IIIe Reich, Abigaelle lance des recherches sur un portail spécialisé *Politique* et trouve ce mini-site, *Il cosmista.* Elle pense d'abord qu'il s'agit d'une erreur de classification, et que le cosmisme aurait probablement mieux sa place dans une rubrique de sciences.

Mais le visuel est superbe, un globe diapré, traversé de bleu outremer, de vert émeraude et d'écume légère, évoquant un lac de volcan ou l'œil d'un cyclone. Un monde au creux de sa main... Et les textes sont en italien : en soi, déjà une invitation au voyage. Le titre du document proposé (daté de 2084[1]...) est « Intelligence artificielle et positivisme »... Tout un programme.

Nous vous lançons un défi : lire – lire vraiment – les extraits de ce texte, posé là, pour comprendre l'essence et les paradoxes de ce territoire à explorer, sa richesse et sa complexité.

---

1. Soit cent ans tout pile après... *1984*, le roman dystopique de George Orwell.

Une des pierres angulaires du scientisme réductionniste : l'intelligence dite artificielle, en d'autres termes, le projet de reconstitution matérielle du fonctionnement de l'esprit humain au moyen d'un ordinateur ou d'un automate.

Celui qui se soucie de la science et la considère comme une des formes les plus grandes et des plus accomplies de la connaissance spécifiquement humaine, comme le symbole de la liberté intellectuelle, comme une façon d'aborder les phénomènes indépendamment des préjugés et des dogmes, celui-là ne peut considérer qu'avec inquiétude les dégâts causés par ce scientisme, sa propension à donner une version simpliste, réductrice et finalement triviale – singulier retournement – empreinte du dogmatisme le plus fanatique.

Ce scientiste avance, tel un éléphant dans un magasin de porcelaine, ressassant son grossier matérialisme, excluant toute autre approche que la sienne, sans même un minimum de validation, sinon celle d'assertions apodictiques qu'il présente comme *preuves scientifiques*.

Jamais nous n'aurions cru, en nous embarquant dans cette aventure, rapporter en guise de souvenir de voyage ce délicieux mot d'apodictique, si loin du jargon cybertechnique.

L'auteur du blog convoque aussi deux auteurs italiens, dont les ouvrages portent des titres pour le moins inattendus, dans ce monde supposé sordide, violent et terrifiant : *Cauchemars postmodernes et tyrannies des technosciences*[1] et *Nouvelle histoire*

1. Giorgio Israël, *Incubi postmoderni e tirannia della tecnoscienza*, 2013, publication à compte d'auteur.

alternative de la philosophie. Le chemin ontologico-social de la philosophie[1].

Voilà, voilà… C'est aussi ça, le Darknet !

1. Costanzo Preve, *Una nuova storia alternativa della filosofia. Il cammino ontologico-sociale della filosofia*, Perspectives libres, 2017.

PARTIE V

EN LIBERTÉ SURVEILLÉE

Loin de la vision caricaturale d'un abîme criminel, le Darknet est depuis ses origines intimement lié au monde du renseignement qui l'a conçu ; utilisé ou combattu par les forces politiques ou militantes ; et mis au service de la liberté d'expression et d'information. Chacune de ces instances en fait un usage bien particulier.

31

La CIA recruterait dans le Darkweb ?!

Le Darknet, c'est un peu comme La Samaritaine : on y trouve de tout, à condition de repérer le bon rayon.

Pour ce qui est du marché du travail, nous avons déjà croisé des offres de *sicarios*, de hackers, d'escrows, de web-designers pour concevoir des vitrines de sites de vente de stupéfiants...

Mais, aujourd'hui, voici deux offres qui sortent du lot : *Ingénieur en criminalistique numérique* et *Analyste en cybermenaces*. Bien payé, de surcroît : jusqu'à 133 464 dollars pour le poste d'ingénieur et jusqu'à 155 709 dollars pour les cybermenaces. Solides compétences techniques en *forensic*[1] requises, expérience exigée. Et, bien plus étrange : pas de drogues dans les douze derniers mois ; et à l'entretien d'embauche : examen psychologique et on passe au polygraphe[2] !

Nous devons nous rendre à l'évidence : la CIA a bien un site dans le Darkweb et y détaille, sur sept pages, ses opportunités de carrière, avec même un *Job Cart*, un panier d'achat, comme sur n'importe quel site marchand !

1. *Forensic* (« informatique légale ») : tout ce qui concerne les preuves numériques utilisables en justice.

2. Polygraphe : détecteur de mensonges.

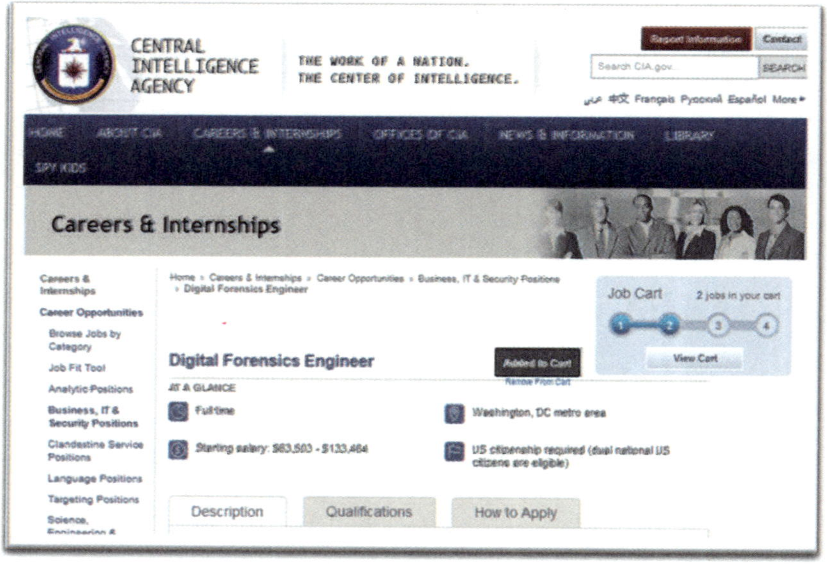

Figure 31.1 – Poste proposé par la CIA sur son site du Darkweb.

La CIA n'a pas manqué d'humour pour annoncer la naissance de son site dans Tor, en 2019 :

La dernière couche de la CIA :
un site en oignon

LES OIGNONS ONT [plusieurs] COUCHES
NOUS AUSSI
Rendez-nous visite sur Tor

Figure 31.2 – Lancement du site de la CIA dans Tor.

La suite du communiqué de presse précise :

> Sûr, anonyme, intraçable – des caractéristiques omniprésentes dans la mission de collecte de renseignements de la CIA – et il en va de même pour notre site en *.onion* [...] sur le réseau Tor.
> Notre mission mondiale exige que chacun puisse nous approcher en toute sécurité depuis n'importe où. La création d'un site en *.onion* n'est qu'un des nombreux moyens par lesquels nous allons là où sont les gens » [...]. Tout ce qui se trouve sur *CIA.gov*, du *World Factbook*[1] jusqu'à la communication d'informations en passant par le fait de postuler pour un emploi, est disponible sur notre site en *.onion* [...].

Pour une agence de renseignements, être directement et facilement accessible d'un point de vue technique dans toutes les régions du monde – y compris et surtout dans les pays à fortes surveillance et censure numérique – est un atout inestimable, notamment pour la remontée d'informations.

L'anglais ou bien l'une ou l'autre des cinq langues proposées dans la barre de menu des deux sites de la CIA – arabe, chinois, français, russe et espagnol – sont des langues comprises par une grande part de la population mondiale.

L'option *More* conduit à trois langues supplémentaires, dont la zone de couverture linguistique est pourtant très limitée : le coréen, le kurde et le turc. Mais ces langues correspondent à des zones stratégiques, d'un enjeu majeur pour les équilibres politiques et militaires.

1. *World Factbook* : atlas regroupant des informations historiques, géographiques, socio-économiques, politiques et militaires sur 267 pays et zones géopolitiques.

Une très faible partie du contenu des sites est traduite en ces huit langues. Mais l'essentiel se trouve dans l'onglet *Contact us* : « Si vous détenez des informations que vous considérez pouvoir intéresser la CIA dans l'acquisition de renseignements à l'étranger, vous pouvez utiliser notre formulaire électronique. Nous protégerons soigneusement votre identité. » Cet engagement est repris dans l'onglet *Report Information* qui y ajoute les conseils de sécurité de base : « Nous mettons tout en œuvre pour sécuriser ces canaux, mais toute communication via Internet fait courir un risque. Utiliser Tor Browser, un VPN et/ou un équipement qui n'est pas enregistré à votre nom peut réduire ce risque. »

La CIA est bien en prise avec son époque en se positionnant sur ce réseau parallèle caché (après en avoir pourtant été victime, Tor étant utilisé par les lanceurs d'alerte du site *WikiLeaks*[1], à l'origine d'une fuite massive de documents internes en 2017).

Ce n'est pas sa seule initiative en ce sens et elle occupe aussi le terrain sur des réseaux d'un autre type : les réseaux sociaux.

En 2014, premier message – sibyllin – sur son compte Twitter officiel :

> Nous ne pouvons ni confirmer ni démentir qu'il s'agisse de notre premier tweet.

En avril 2019, la CIA se lance sur Instagram. Sa directrice, Gina Haspel, indique alors que l'objectif est d'attirer de jeunes talents. Et c'est sur Twitter et YouTube que s'affiche en 2020

1. Voir chapitre 34, « Lanceurs d'alerte ».

une campagne d'un nouveau genre, avec un spot publicitaire[1] sous forme de bande-annonce de film d'espionnage, au rythme enlevé, au casting métissé et en grande partie féminin, avec le projet, là encore, d'élargir sa base de recrutement.

Mais pour cette nouvelle génération de candidats, celle des *digital natives*[2], l'aisance dans l'usage des outils numériques ne va pas forcément de pair avec un usage réfléchi et prudent. Avoir oublié que les informations personnelles, les photos et les vidéos massivement diffusées sur les réseaux sociaux ont une durée de vie quasi infinie peut se montrer rédhibitoire pour des métiers où protéger son identité réelle est fondamental. Dans une interview de 2016, le directeur adjoint des opérations de la CIA déclarait que « du point de vue d'un agent qui essaie de créer et de garder sa couverture – peut-être l'élément le plus fondamental de l'espionnage – ça peut poser un vrai défi[3] ».

Une idée un peu farfelue nous traverse l'esprit… Et si afficher ses profils de poste et perspectives de carrière dans Tor était pour la CIA une nouvelle stratégie de recrutement de ses futurs agents de terrain ? En attirant de jeunes Américains hyperconnectés mais aussi adeptes convaincus de l'intérêt de naviguer furtivement sur Internet et de défendre leur anonymat…

Ce qui est attesté en tout cas, c'est que de nombreux services de renseignement recrutent parmi les meilleurs des hackers. Cela peut se faire à l'occasion de challenges dédiés ou – beaucoup plus discrètement – à la suite d'arrestations. Mais ceci est une autre histoire[4]…

---

1. https://twitter.com/cia/status/1275079940443000832.
2. *Digital natives* : peut se traduire par « numériques de naissance ».
3. Joséphine MAUNIER, in *Ouest-France*, 29 juin 2020, consulté sur https://www.ouest-france.fr/leditiondusoir/data/97632/reader/reader.html#!preferred/1/package/97632/pub/142746/page/8.
4. Voir Pierre et Abigaelle PENALBA, *Cyber crimes*, Albin Michel, 2020 ; J'ai lu, 2021, chap. 24, « Reconversion ».

32

Activistes…

À l'exact opposé des grosses agences gouvernementales telles la CIA, des individus – isolés ou, le plus souvent, organisés en réseaux plus ou moins hiérarchisés – vont utiliser le Darknet comme un relais d'opinion et un outil logistique.

Lorsque des activistes, par exemple, investissent le Darknet, ils laissent de côté la médiatisation et utilisent ce réseau *caché* pour deux objectifs, très différents mais complémentaires.

En premier lieu, les pages visibles par tous et facilement accessibles dans le Darkweb ont pour but :

- d'informer sur un problème majeur, ses causes et ses enjeux ;
- de donner un moyen d'alerte direct aux témoins ou victimes d'atteintes graves ;
- de parler et de faire parler d'une situation d'urgence ;
- de servir de support à des actions ponctuelles : pétitions, sit-in, manifestations ;
- de rendre compte aux militants des actions menées et de leur résultat ;
- de convaincre et de rallier à leur cause de nouveaux militants.

L'accessibilité que procure Tor sera primordiale pour les personnes qui vivent dans des zones où l'accès libre à Internet n'est pas garanti ou lorsque y accéder peut se révéler dangereux en raison de la surveillance étatique.

Toutefois, ce sont des darknets cryptés (messagerie ou partage de fichiers) qui seront utilisés pour l'élaboration des revendications (théories sous-jacentes, éléments de langage), mais aussi pour le partage des outils mis à disposition des militants et pour la préparation des actions (cibles, moyens techniques et humains, choix du lieu et du moment).

Certains groupes ne font que cet usage-là du Darknet, privilégiant – pour la part publique de leurs actions – le Clearweb et les médias traditionnels, plus visibles.

Les organisations présentes dans le Darkweb se mobilisent pour la plupart sur des sujets liés à la défense de l'environnement ou aux droits humains.

C'est ce combat que mène Front Line Defenders qui propose dans Tor une version de son site du Clearweb, donnant ainsi la possibilité à tout citoyen – où qu'il soit – de rester informé des atteintes aux droits de l'homme – où qu'elles se produisent.

Les défenseurs des droits humains de tous horizons sont régulièrement mis à l'honneur. En 2020, ce sont quatre femmes – d'Irak, d'Arménie, du Sri Lanka et de Mauritanie – ainsi qu'une association colombienne qui ont été récompensées lors de la Online Awards Ceremony. Comme nombre de pays restreignent ou surveillent l'accès à Internet, la mise en valeur dans le Darkweb de ces actions est un formidable outil d'encouragement pour tous ceux qui luttent en secret, là ou ailleurs.

Mais la grande force du site, ce sont les fiches – actualisées en temps réel – de défenseurs des droits humains victimes d'exactions : une vingtaine sont référencées, dont la détention arbitraire, les violences sexuelles, l'interdiction de voyager, les cyberattaques, les campagnes de diffamation, la torture ou la disparition forcée (lorsque l'entourage n'est informé ni de l'arrestation ni du lieu de détention ; ces disparitions se soldent souvent par des assassinats, sans qu'il y ait eu procès). Chaque fiche individuelle est accompagnée d'un état des lieux des droits de l'homme dans le pays de la victime. Les critères de recherche du site permettent une sélection par pays, par type d'exaction subie et par catégorie de cause défendue (opposition politique, environnement, LGBT+, droits des enfants, des femmes, des peuples autochtones...).

Front Line Defenders cherche à toucher un maximum de personnes avec un site traduit en quinze langues, dont certaines très rares sur des sites internationaux : l'arménien, le bengali, le mongol, le kiswahili, le tamoul. Un service de numéro d'urgence en cinq langues – par Skype ou au moyen d'un formulaire crypté – permet de déclencher l'action la plus appropriée : contacter directement par fax ou téléphone les autorités concernées, alerter l'Union européenne ou des représentants de gouvernements, apporter une aide pratique avec une relocalisation temporaire ou encore une assistance médicale ou légale.

Être présents sur Tor est une façon supplémentaire pour ces activistes extrêmement organisés et engagés sur de multiples fronts et en *première ligne*, comme ils se définissent, d'être encore plus efficaces et réactifs.

En poursuivant nos recherches, nous découvrons une organisation qui, guidée par le même souci d'efficacité, a choisi un autre engagement, plus inhabituel : le soutien aux autres mouvements militants et activistes !

Si le collectif Riseup défend lui aussi les causes de « la libération humaine, du traitement éthique des animaux et de la durabilité écologique », il le fait en incitant « les organisations et les individus à utiliser la technologie dans leurs luttes de libération ».

C'est toute l'originalité de ce groupe présent à la fois dans le Clearweb à l'adresse riseup.net et dans Tor, à cette adresse (autrement difficile à mémoriser...) :

vww6ybal4bd7szmgncyruucpgfkqahzddi37ktceo3ah7ngmcopnpyyd.onion.

Cette présence sur Tor renforce leur engagement en faveur des peuples soumis à surveillance et censure en mettant à disposition de tous leurs solutions techniques. La liste des langues proposées indique néanmoins un ciblage plus axé sur l'Europe que le site précédent : 中文 [chinois], Español, English, Português, Русский [russe], Deutsch, Français, Italiano, Polski, Ελληνικά [grec], Català, Hindi.

Figure 32 – Logo du site *Riseup*.

Le logo du collectif révèle des références fortes, qui résument ses valeurs :

– le drapeau rouge et noir des mouvements anarcho-syndicalistes[1]. Utilisé par de nombreuses instances – notamment pendant la Révolution espagnole –, il associe au noir de l'anarchie le rouge des mouvements ouvriers, révolutionnaires ou communistes ;
– les couleurs de l'arc-en-ciel évoquent bien sûr le drapeau LGBT+, mais aussi la *Rainbow Nation* imaginé par l'archevêque sud-africain Desmond Tutu ; avec, dans les deux cas, le combat pour le respect des différences et l'égalité des droits.

1. À la scission en 1953 des deux tendances du mouvement anarchiste, la Fédération communiste libertaire conservera le drapeau rouge et noir, tandis que la Fédération anarchiste reprendra le drapeau noir.

Toutes choses qui se retrouvent dans leur profession de foi : « Aider à la création d'une société libre, un monde avec l'insouciance et la liberté d'expression, un monde sans oppression ou hiérarchie, où le pouvoir est partagé de manière égalitaire. »

Le collectif fournit donc des outils pour se protéger de la surveillance de masse (principalement commerciale) des sociétés occidentales comme de la surveillance étatique des régimes autoritaires :

- des VPN (*Virtual Private Network*), chiffrement des connexions Internet permettant, entre autres, de masquer son adresse IP ;
- un service de courriel et une messagerie instantanée cryptés ;
- un service de listes de diffusion pour relayer en masse alertes et mots d'ordre.

Comme indiqué sur sa bannière, « Riseup fournit des outils de communication en ligne pour les personnes et les groupes qui militent en faveur d'un changement social libérateur. Nous sommes un projet pour créer des alternatives démocratiques et pour pratiquer l'autodétermination en contrôlant nos propres moyens de communication sécurisés. »

Cette double particularité de Riseup – à la fois libertaire et technologique – le place à l'intersection entre le champ d'action des activistes et celui des hacktivistes qui, eux, vont mettre au service d'une cause leurs compétences de hacking.

33

… et hacktivistes

D'où vient le nom de cette communauté, qui est l'une des premières à avoir colonisé le Darknet ? Le terme est un mot-valise issu des mots anglais *hacker* et *activist*. Utiliser des compétences numériques pointues pour lutter contre un système contraire aux valeurs qu'on défend, cela faisait déjà partie de l'ADN des théoriciens du Darknet, les *cryptoanarchistes* et les *cypherpunks*[1].

Les actions des hacktivistes portent prioritairement sur la défense de la vie privée, le combat contre les mensonges ou les abus des puissants (services gouvernementaux ou entreprises), la lutte pour les libertés et, occasionnellement, la traque de certains types de criminels.

Les groupes structurés peuvent rassembler divers profils, que détaille le groupe Code Green (présent à la fois dans le Darkweb et dans le Clearweb) :

1. Voir les trois premiers ouvrages présentés dans l'anti-bibliographie pour une analyse détaillée et documentée.

Figure 33.1 – Profils de militants recherchés par un groupe hacktiviste.

CODE GREEN
Un hacktivisme éthique pour un monde meilleur
Rejoignez-nous et prenez part aux actions
de contestation du monde moderne en tant que...

- Sympathisant : vous pensez que la contestation dans le cyberespace est un bon outil pour promouvoir des idées et permettre une prise de conscience, et vous aimeriez discuter de sujets qui y sont liés avec des gens comme vous.
- Partisan : vous possédez les compétences techniques nécessaires pour trouver et comprendre les failles exploitables des systèmes informatiques et des sites internet, mais vous ne voulez pas réaliser vous-même des actions numériques directes.
- Hacktiviste : vous êtes capable de participer directement à des actions numériques directes pour défendre activement vos droits et vos convictions. Et vous êtes prêt à le faire.

>

>

- Lanceur d'alerte : vous êtes au courant d'une tentative d'étouffer une dégradation de l'environnement, un danger sanitaire ou une violation des droits humains ? Donnez un coup de sifflet et venez nous en parler...
- Codeur : vous êtes un programmeur talentueux et vous voulez fournir des outils et applications pour la communauté hacktiviste ?
- Artiste : vous êtes un artiste et vous voulez nous soutenir avec de nouveaux designs pour des affiches virtuelles, des éléments graphiques pour sites internet, des *skins* pour *wikis*[1], de la musique ou des vidéos pour certaines plateformes ? On apprécierait beaucoup votre contribution...

Mais le mouvement emblématique de l'hacktivisme reste celui des Anonymous. Ce collectif de cyberactivistes, apparu en 2003 sur les forums du site *4chan*, s'est fait connaître du grand public par l'utilisation d'un certain nombre de codes, dont le masque blanc arborant large sourire, joues rosées, fines moustaches et bouc noir[2].

Ce groupe sans porte-parole ni leader est à géométrie variable : « Anonymous est un groupe semblable à une volée d'oiseaux. Comment savez-vous que c'est un groupe ? Parce qu'ils voyagent dans la même direction. À tout moment, des oiseaux peuvent rejoindre ou quitter le groupe, ou aller dans une direction totalement contraire à ce dernier[3]. »

1. *Skin* : habillage (couleurs, type de boutons, etc.) d'un site ; ici pour des *wikis* (sites collaboratifs).

2. Le masque du conspirateur anglais Guy Fawkes, popularisé par la bande dessinée et le film *V pour Vendetta*.

3. Chris Landers, « Serious Business: Anonymous Takes on Scientology (and doesn't Afraid of Anything », *Baltimore City Paper*, 2 avril 2008, https://www.anonymous-france.info/info-du-monde-libre.html.

Anonymous s'est d'abord illustré, en 2008, par une campagne contre la scientologie avec le *Project Chanology*, consistant en une série de canulars et d'actions de harcèlement tous azimuts visant les fax, la hotline[1] et les serveurs de l'Église de scientologie, actions accompagnées de revendications vidéo.

En 2009, une scission se fait entre les membres qui veulent respecter la loi et d'autres, plus radicaux, qui se livrent notamment à des attaques DDoS (attaque « par déni de service distribué ») bloquant l'accès à un site web par un afflux de fausses requêtes simultanées : ce sont les AnonOps, dont la devise pourrait être « la fin justifie les moyens ». Ils sont notamment à l'origine de l'*Operation Payback*, menée à l'encontre des sociétés commerciales de défense des droits d'auteur qui attaquent en justice les internautes faisant du téléchargement illégal et leur réclament des sommes astronomiques. Ces sociétés sont accusées par AnonOps de refuser aux gens le droit à partager l'information, ce qui justifierait le recours à une forme de désobéissance civile numérique.

En 2010-2011, les révolutions arabes ouvrent un nouveau champ d'action aux hacktivistes qui, avec *OpTunisia* et *Operation Egypt*, compromettent des bases de données étatiques mais, surtout, se lancent dans un nouveau type d'actions : le soutien technique aux contestataires en contrant la censure mise en place par les gouvernements.

Ces opérations se font en parallèle de celles d'un autre collectif d'hacktivistes, les Telecomix, groupe qu'on pourrait qualifier de « numanitaire » : plutôt que de dénoncer, bloquer

1. Hotline : centre d'appels d'une entreprise ou organisation, dédié aux questions pratiques des usagers.

ou détruire, il s'attache à donner aux populations opprimées les moyens de se défendre numériquement.

En Tunisie, par exemple, Anonymous a fait tomber les sites web du gouvernement, alors que Telecomix a permis aux opposants de communiquer de façon sécurisée grâce à des techniques de cryptage.

En Égypte, Telecomix a fourni des VPN et des moyens d'accès à Tor ; il a aussi établi des relais IRC (forme de tchat uniquement textuel) vers Twitter pour diffuser des informations sur la situation en temps réel.

Et les deux collectifs se sont unis pour rétablir l'accès à Internet bloqué sur ordre présidentiel, en recyclant les modems de vieux fax.

On oppose souvent les deux groupes, Telecomix étant jugé plus constructif et plus pragmatique qu'Anonymous[1]. Mais plutôt que de frères ennemis, il faudrait parler de cousins germains : ils ont des ancêtres communs, partagent un héritage culturel, mais ont pris des chemins différents, qui se croisent parfois. En témoigne cette annonce de recrutement des Telecomix pour *OpSyria*, diffusée sur des sites labellisés Anonymous. Y sont détaillées les compétences et qualités requises.

En 2011, toujours, Anonymous passe à l'attaque sur Tor, avec cette fois-ci les pédocriminels dans son collimateur. C'est l'*Operation Darknet* – dirigée contre *Freedom Hosting*, le plus grand hébergeur de l'époque – qui a consisté à pirater une quarantaine de sites pédopornographiques et à bloquer les comptes de plus de 1 500 utilisateurs tout en publiant leurs données personnelles. Ou du moins, les données des titulaires des adresses IP, sans s'assurer qu'il s'agissait bien des utilisateurs effectifs…

1. Richard ORANGE, « *Battle of the hacktivists : Anonymous vs. Telecomix*, in *The World* », 1er juin 2012, https://www.pri.org/stories/2012-06-01/battle-hacktivists-anonymous-vs-telecomix.

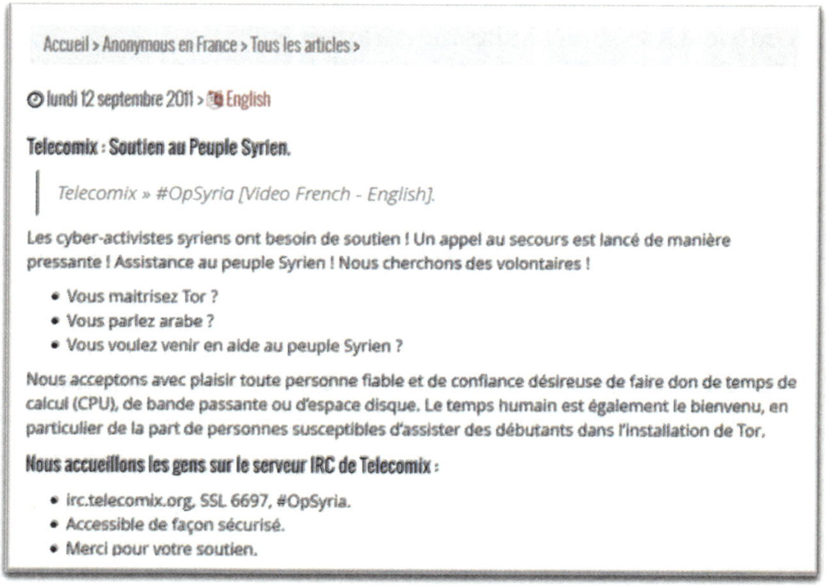

Accueil > Anonymous en France > Tous les articles >

lundi 12 septembre 2011 > English

Telecomix : Soutien au Peuple Syrien.

> *Telecomix » #OpSyria [Video French - English].*

Les cyber-activistes syriens ont besoin de soutien ! Un appel au secours est lancé de manière pressante ! Assistance au peuple Syrien ! Nous cherchons des volontaires !

- Vous maitrisez Tor ?
- Vous parlez arabe ?
- Vous voulez venir en aide au peuple Syrien ?

Nous acceptons avec plaisir toute personne fiable et de confiance désireuse de faire don de temps de calcul (CPU), de bande passante ou d'espace disque. Le temps humain est également le bienvenu, en particulier de la part de personnes susceptibles d'assister des débutants dans l'installation de Tor.

Nous accueillons les gens sur le serveur IRC de Telecomix :

- irc.telecomix.org, SSL 6697, #OpSyria.
- Accessible de façon sécurisé.
- Merci pour votre soutien.

Figure 33.2 – Recrutement Telecomix pour OpSyria.

Au printemps 2020, un hacker se revendiquant d'Anonymous pirate *Daniel's Hosting* – le plus grand fournisseur d'hébergement gratuit du Darkweb – et publie les données de sites qu'il hébergeait, le contraignant à fermer le service et à mettre hors ligne 7 600 sites. Parmi lesquels nombre de sites criminels mais aussi « des sites web politiques ou dissidents. Leurs identités risquent d'être révélées, ce qui pourrait leur faire courir un grave danger[1] »...

Ces deux épisodes montrent, d'une part, les limites de l'invulnérabilité affichée de Tor (même si les équipes de Tor Project travaillent à rectifier les failles après chaque attaque réussie) et, d'autre part, les risques collatéraux de ces attaques.

1. Bastien L., « Anonymous a piraté le plus gros hébergeur du Dark Web, panique chez les criminels », in *Le Big Data*, 2 juin 2020, https://www.lebigdata.fr/anonymous-hebergeur-dark-web.

L'autre problème que peut poser le mouvement des Anonymous tient au fait qu'il ne s'agit pas d'une « marque déposée ». Il existe toujours un risque de revendication par des groupuscules qui partagent globalement la démarche mais ont des cibles et des méthodes contestables, parfois désavouées par les Anonymous « historiques ».

En décembre 2018, par exemple, est menée une opération de *doxing* (divulgation de données personnelles dans le but de nuire) signée Anonymous, *Anarchist Agency*. La liste, publiée sur le Darknet et certains forums avec les hashtags[1] *Gilets jaunes* et *ACAB* (*All Cops Are Bastards*), donne l'identité, le téléphone, l'adresse mail et l'affectation de 500 fonctionnaires de police. Dans leur texte de revendication, « les pirates se disent solidaires avec le mouvement des Gilets jaunes, qui bloque les rues de France depuis plusieurs semaines ». Anonymous y exprime sa « solidarité avec les camarades qui subissent la répression en France[2] ».

Si le mouvement semble actuellement en perte de vitesse, la philosophie de ces collectifs se retrouve dans des mouvements apparentés, avec lesquels ils collaborent de longue date. Des hacktivistes se revendiquant d'Anonymous ont ainsi utilisé à plusieurs reprises leurs compétences pour dénoncer des manquements à la démocratie et à l'éthique, en s'appuyant sur des organisations de lanceurs d'alerte pour diffuser les informations qu'ils avaient collectées.

---

1. Hashtag : mot clé précédé du signe dièse (#). Utilisé sur les médias sociaux, Twitter et Instagram notamment, pour repérer rapidement les messages portant sur un sujet en particulier.

2. Florian Bayard, « En soutien aux Gilets jaunes, Anonymous met en ligne les données personnelles de 498 policiers », in *Phonandroid*, 12 décembre 2018, https://www.phonandroid.com/soutien-gilets-jaunes-pirates-donnees-personnelles-498-policiers-gilets-jaunes.html.

34

Lanceurs d'alerte

– Je trouve le terme anglais, *whistleblowers*, plus poétique : les « souffleurs de sifflet »...

– Peut-être... Mais la mission qu'ils se donnent est bien réelle : dénoncer les manquements à la déontologie, les violations des droits, les manipulations de l'information, les partenariats douteux, les pratiques illégitimes. Même si parfois on peut estimer que l'action menée s'apparente à un banal règlement de comptes.

Les dénonciations s'appuient sur des observations réalisées par le témoin lui-même ou sur des fuites de documents (ou *leaks*). Les informations divulguées par les lanceurs d'alerte peuvent être le fruit de recherches personnelles – lorsqu'il s'agit d'un employé ou d'un agent travaillant au sein de l'organisation victime des fuites. Elles peuvent aussi être dérobées depuis l'extérieur par... des hacktivistes comme les Anonymous.

C'est ce qui s'est passé avec le membre revendiqué d'Anonymous Jeremy Hammond et les *Stratfor Leaks*[1]. En décembre 2011, un groupe de hackers, parmi lesquels Ham-

1. Article « Stratfor Leaks », sur Wikipédia, https://en.m.wikipedia.org/wiki/2012–13_Stratfor_email_leak.

mond, a pénétré le site de la société américaine de renseignement géopolitique Stratfor et a dérobé les coordonnées d'un grand nombre de ses clients : noms, adresses, mails, mots de passe ainsi que 60 000 numéros de cartes bancaires…

Ces informations ont ensuite été divulguées sur le site *WikiLeaks*, ainsi que plus de 5 millions de mails révélant des missions de surveillance de groupes d'activistes comme l'association de défense des droits des animaux PETA, ou Occupy Wall Street – un mouvement contestataire contre les inégalités économiques – ou encore des groupes luttant pour faire toute la lumière sur la catastrophe de Bhopal.

C'est un informaticien australien devenu cyberactiviste, Julian Assange, qui est le fondateur et le porte-parole de *WikiLeaks* – le plus connu des sites de lanceurs d'alerte – qui appartient à la galaxie Darknet puisque, pour divulguer les documents compromettants, il utilise des échanges anonymes et sécurisés.

« La sécurité du site est renforcée par l'emploi de technologies cryptographiques de pointe. À cette fin, des processus mathématiques et de chiffrement extrêmement sophistiqués doivent assurer le caractère privé, l'anonymat et l'impossibilité d'identification. Techniquement, *WikiLeaks* associe des versions remaniées de Freenet[1], de Tor ou de PGP[2] à des logiciels de conception maison. Ainsi, *WikiLeaks* estime être "étanche aux attaques politiques et légales" et, en ce sens, "impossible à censurer". […] Les informations peuvent être soit diffusées directement par *WikiLeaks*, soit transmises de façon chiffrée à des médias qui en font une analyse journalistique permettant de les diffuser auprès du grand public sous une forme plus accessible[3]. »

1. Un des trois plus grands darknets, avec Tor et I2P.

2. *PGP (Pretty Good Privacy)* : protocole qui permet d'envoyer des messages chiffrés que seul le destinataire pourra lire.

3. Article « WikiLeaks », sur Wikipédia ; https://fr.wikipedia.org/wiki/WikiLeaks.

Plus encore que l'affaire Stratfor, les fuites *Wikileaks* concernant l'engagement américain au Moyen-Orient ont connu une médiatisation mondiale.

Fin 2009, l'analyste militaire américaine Chelsea Manning transmet des documents à Julian Assange, qui les diffusera ensuite. Cinq titres relaieront l'information : *Le Monde*, *El País*, *Der Spiegel*, *The Guardian* et *The New York Times*. Il s'agit de plus de 500 000 documents confidentiels concernant les actions militaires des États-Unis en Afghanistan et en Irak, ainsi qu'environ 250 000 télégrammes montrant des aspects peu reluisants de la diplomatie américaine, notamment à l'égard de ses prétendus alliés.

Manning est rapidement arrêtée et accusée d'avoir, par ses révélations, mis en danger des soldats et agents américains. Dans le même temps, une partie de l'opinion américaine salue au contraire cette dénonciation de bavures militaires (notamment l'attaque par hélicoptères dans le secteur de Bagdad, qui a fait plusieurs victimes civiles et a choqué par le détachement cynique des pilotes).

Après des parcours judiciaires complexes de plusieurs années, ces lanceurs d'alerte continuent de payer le prix de leur engagement, malgré une grande mobilisation d'instances humanitaires, de personnalités ou de simples militants.

Chelsea Manning, condamnée en 2013 à 35 ans de prison, libérée en 2017, réincarcérée en mars 2019, sera libérée en mars 2020, après une tentative de suicide. Elle doit toujours 256 000 dollars d'amende pour son refus de témoigner contre *WikiLeaks* et son fondateur.

Jeremy Hammond avait été condamné en 2013 à 10 ans de réclusion suivis de 3 ans de mise en liberté surveillée. Il quitte en novembre 2020 la prison fédérale de Memphis pour purger le reste de sa peine dans une structure moins coercitive.

Julian Assange est toujours emprisonné à Londres après s'être réfugié pendant sept ans à l'ambassade d'Équateur au

Royaume-Uni. Il est sous le coup d'une demande d'extradition vers les États-Unis où il encourt 175 ans de prison pour espionnage selon 18 chefs d'accusation. Le 4 janvier 2021, la justice britannique s'oppose à la remise aux autorités américaines et décide d'un maintien en détention au Royaume-Uni : « Le tribunal a en effet estimé que la santé mentale de M. Assange, considéré comme à fort risque de suicide, était incompatible avec une extradition vers les États-Unis. En revanche, et c'est le point qui cristallise l'inquiétude de ses soutiens, le tribunal n'a pas contesté le bien-fondé de la demande américaine d'extradition[1]. »

Effectivement, en décembre 2021, cette décision est annulée par les magistrats britanniques, estimant les garanties apportées par Washington suffisantes. Le 14 mars 2022, la Cour suprême du Royaume-Uni refuse à Julian Assange le droit de faire appel de la décision de décembre 2021 autorisant son extradition. Même si ses engagements politiques – notamment ses liens avec la Russie – sont parfois ambigus, Julian Assange continue d'incarner la philosophie des lanceurs d'alerte, aux côtés d'une autre figure emblématique, Edward Snowden.

Les liens entre Edward Snowden – ancien agent de la CIA et consultant à la NSA – et le Darknet tiennent moins aux caractéristiques techniques de ce dernier qu'à leur philosophie commune : le droit à la protection de la vie privée. Son combat contre les attaques gouvernementales à l'encontre de ce droit s'est notamment exercé contre la surveillance mondiale d'Internet par la NSA[2].

1. « Julian Assange : le blocage de son extradition ne lève pas les inquiétudes sur la liberté de la presse », in *Le Monde*, 5 janvier 2021, https://www.lemonde.fr/pixels/article/2021/01/05/julian-assange-le-blocage-de-son-extradition-ne-leve-pas-les-inquietudes-sur-la-liberte-de-la-presse_6065256_4408996.html.

2. https://fr.wikipedia.org/wiki/R%C3%A9v%C3%A9lations_d%27Edward_Snowden.

Mais ce qui a le plus ému le grand public, début 2013, a été sa révélation de l'espionnage téléphonique de masse par une instance gouvernementale. Ces écoutes ne portaient pas sur le contenu des appels, mais uniquement sur les métadonnées : identification des interlocuteurs, lieu, date, heure et durée des appels. Ces informations, correctement analysées et recoupées, permettent d'établir une cartographie assez fidèle des habitudes, centres d'intérêt, opinions politico-religieuses et points faibles des individus, qu'il s'agisse de santé, de morale ou de finances. Par exemple, en appelant à plusieurs reprises et sur un bref laps de temps des organismes de crédit à la consommation ou, au contraire, des fonds d'investissement, on livre des informations sur le niveau de son compte en banque !

Une des conséquences pratiques de ces révélations a été la mise en place dans toute l'Union européenne du RGPD (Règlement général sur la protection des données) qui oblige les entreprises à sécuriser leurs données.

Et de façon plus diffuse mais partout dans le monde, Tor s'est démocratisé. Les mois suivant les révélations de Snowden, le nombre de ses utilisateurs a connu une augmentation de 400 %, passant d'environ 500 000 à 1,5 million d'utilisateurs quotidiens (en 2020, ce nombre oscille entre 2 et 2,5 millions).

Edward Snowden, contraint à s'exiler pour échapper aux poursuites, vit en Russie depuis 2013, grâce à une autorisation de résidence renouvelable, mais souhaite revenir aux États-Unis s'il reçoit l'assurance d'un procès équitable. Il vit de vidéoconférences sur la liberté de la presse ou la sécurité informatique et vient de publier ses mémoires[1].

Et dans les pays où la liberté d'expression est muselée, il est désormais possible pour les lanceurs d'alerte de communiquer avec les grands médias, comme Snowden qui avait transmis

1. Edward SNOWDEN, *Mémoires vives*, Le Seuil, 2019.

ses révélations aux journalistes du *Guardian*, mais de façon directe et sécurisée.

En effet, pour permettre à chacun – à son niveau et selon le contexte où il évolue – d'être un lanceur d'alerte en sécurité, des outils et des procédures ont été mis en place.

L'outil le plus utilisé est *SecureDrop*, une plateforme de chiffrement dédiée aux échanges entre médias ou agences de presse et lanceurs d'alerte lorsque ceux-ci courent un risque avéré pour leur sécurité. Les sites *SecureDrop* ne sont accessibles que sur Tor et mettent à disposition des espaces de stockage cryptés et sécurisés, où l'on peut télécharger des fichiers. Les journalistes ne connaissent à aucun moment l'identité de leurs sources, mais peuvent communiquer avec leurs informateurs via un service de messagerie interne.

L'avertissement au bas du formulaire précise quand même : « Merci de noter que le partage de documents sensibles peut vous faire courir un risque, même si vous utilisez Tor et SecureDrop. »

Ce dispositif, géré par l'ONG Freedom of the Press Foundation, est proposé par un nombre croissant d'agences de presse, de journalistes d'investigation indépendants et de grands médias[1], dont *The New York Times*, *The Gardian*, *The Financial Times*, *The Washington Post*, *Al Jazeera Media Network*, *Le HuffPost*.

1. https://securedrop.org/directory/.

35

Médias bâillonnés : Tor à la rescousse

Facebook a été le précurseur, puisqu'il a un site dans Tor, *facebookcorewwwi.onion*, depuis 2014. Choix cohérent, puisqu'il est interdit en Chine comme en Arabie saoudite et en Iran. Et qu'il est aussi régulièrement bloqué ou censuré au Pakistan, en Syrie, au Vietnam, en Birmanie. Mais, pour pouvoir s'enregistrer, il faut rentrer un nom et surtout un numéro de téléphone ! La protection contre la censure au niveau local s'accompagne donc d'une perte absolue d'anonymat en ce qui concerne Facebook… L'objectif semble plutôt d'occuper le terrain, en prévision d'évolutions à venir. Et il s'agit d'un média social et non d'un organe de presse.

Mais depuis quelques années, le mouvement s'est étendu avec l'arrivée dans le Darkweb de médias de dimension internationale, *The New York Times* et la BBC et de quatre grands noms de la presse et de l'audiovisuel : ProPublica, BuzzFeed News, Deutsche Welle et *Mada Masr*[1].

La présence sur les réseaux parallèles de ces médias traditionnels ayant pignon sur rue (médias dits *mainstream*) est très récente et répond à des mesures de censure mise en place par

1. https://blog.torproject.org/tor-media-2019.

de très nombreux États, dont la Chine, l'Iran, la Turquie, la Russie (liste non exhaustive...).

Ils ont tous choisi Tor pour sa position de leader et sa popularité. Y proposer une version qui soit disponible de manière anonyme et sécurisée valide la profession de foi de ses administrateurs : « Les utilisateurs d'Internet devraient avoir accès à un Web non censuré avec l'assurance que leur vie privée et leurs données personnelles sont protégées[1]. »

Le pionnier a été ProPublica, un organisme américain sans but lucratif qui est un *pure player*, un organisme de presse qui n'existe qu'en version numérique, spécialisé dans le journalisme d'investigation et récompensé par plusieurs prix, dont huit prix Pulitzer. Il a officiellement ouvert son site-miroir dans le Darkweb[2] en janvier 2016 (après une période-test en 2015).

> Nous avons lancé [ce site] en partie parce que nous faisons beaucoup de reportages [...] sur des questions telles que la censure des médias, la vie privée, la surveillance numérique, ainsi que la violation du secret médical. Les lecteurs utilisent nos bases de données interactives pour avoir accès à des informations qui révèlent beaucoup d'eux-mêmes : qui leur disent, par exemple, si leur médecin reçoit de l'argent de sociétés pharmaceutiques. Nos lecteurs ne devraient jamais avoir à craindre que quelqu'un d'autre regarde ce qu'ils font sur notre site[3].

1. https://www.torproject.org/fr/about/history/.
2. p53lf57qovyuvwsc6xnrppyply3vtqm7l6pcobkmyqsiofyeznfu5uqd.onion.
3. Mike Tigas, « A More Secure and Anonymous ProPublica Using Tor Hidden Services », ProPublica, 13 janvier 2016, https://www.propublica.org/nerds/a-more-secure-and-anonymous-propublica-using-tor-hidden-services.

En 2017 et 2019, trois grands médias investissent le Darknet, cette fois-ci dans le seul objectif de rester accessibles dans les pays soumis à la censure.

The New York Times initie le mouvement en novembre 2017[1], en réaction à son interdiction par la Chine en 2012. Très impliqué dans la sécurité de ses contributeurs, ce journal détaille sur une page dédiée les divers modes de contact avec leurs risques : WhatsApp, Signal, e-mails cryptés, courrier postal, *SecureDrop*[2].

Figure 35.1 – *The New York Times*, site-miroir dans Tor.

Le service britannique BBC News fait son apparition dans le Darkweb[3] en octobre 2019, en affichant clairement son objectif : La BBC a rendu son site Internet d'informations internationales accessible via le réseau Tor, dans le but de contrecarrer les tentatives de censure. […] Des pays comme la Chine, l'Iran et le Vietnam font partie de ceux qui ont

1. nytimes3xbfgragh.onion.
2. Voir le chapitre 34, « Lanceurs d'alerte ».
3. bbcnewsv2vjtpsuy.onion.

tenté de bloquer l'accès au site internet ou aux programmes de BBC News[1]. »

Le site-miroir est la copie de l'édition internationale et comprend des services en langues étrangères comme BBC Arabic, BBC Persian, BBC Russian et même BBC en pidgin d'Afrique de l'Ouest, une forme de créole sur une base d'anglais avec des apports de portugais : sans statut officiel, cette langue est couramment parlée au Nigeria ainsi qu'au Cameroun, au Ghana et en Sierra Leone.

En novembre 2019, c'est au tour de Deutsche Welle de lancer son site-miroir sur Tor[2]. En parallèle d'une importante activité de radiodiffusion internationale, ce média allemand propose dans le Clearweb un site d'information disponible en 30 langues, mais bloqué en Chine et en Iran notamment. Le directeur de la distribution et de la technologie, Guido Baumhauer, précise la démarche de Deutsche Welle : « Fournir partout dans le monde à notre public cible des informations indépendantes fait partie de l'ADN de DW. Cela s'inscrit donc dans une démarche logique que désormais nous saisissions nous aussi la possibilité, grâce à Tor, de toucher des gens sur des marchés soumis à la censure, qui jusqu'alors n'avaient pas accès – ou n'avaient qu'un accès limité – aux médias libres[3]. »

En décembre 2019, on observe un schéma un peu différent : c'est un média bloqué dans son pays d'origine, l'égyptien *Mada Masr*, qui ouvre son site dans Tor[4].

1. « BBC News launches “dark web” Tor mirror », in BBC News, 23 octobre 2019, https://www.bbc.com/news/technology-50150981.

2. dwnewsvdyyiamwnp.onion.

3. « DW-Seiten jetzt über Tor-Browser erreichbar », in DW, 20 novembre 2019, https://www.dw.com/de/dw-seiten-jetzt-%C3%BCber-tor-browser-erreichbar/a-51335059.

4. madat5boo7oo5t2w.onion.

Depuis 2014, une répression d'envergure vise les opposants et les journalistes égyptiens : selon le Comité pour la protection des journalistes[1], l'Égypte est, avec l'Arabie saoudite, le pays qui emprisonne le plus de journalistes au monde après la Chine et la Turquie. Une centaine de sites d'information ont été bloqués par les autorités, forçant les rédactions à trouver d'autres solutions : « Depuis que les autorités égyptiennes ont bloqué l'accès au site web de *Mada Masr*, madamasr.com, en mai 2017, *Mada* explore de nouvelles façons de rendre son contenu accessible à ses lecteurs en Égypte. *Mada* a travaillé à contourner le blocage et créé des sites-miroirs de son site web mais, systématiquement, chacun d'eux a finalement été bloqué. Le site en est maintenant à son 22e site-miroir. Ce jeu du chat et de la souris dure depuis trop longtemps. [...] C'est pourquoi *Mada* en a créé un nouveau pour madamasr.com, sur le réseau Tor, qui *ne peut pas* être bloqué[2]. » Le journaliste explique ensuite les différentes méthodes de contournement du blocage de Tor lui-même.

POUR MÉMOIRE

Reporters sans frontières (RSF) est engagée dans tous les domaines de soutien aux journalistes persécutés ou surveillés, et aux médias censurés.

L'ONG mène ainsi régulièrement des actions de

1. Elana Beiser, rapport « La Chine, la Turquie, l'Arabie saoudite et l'Égypte sont les pires geôliers de journalistes au monde », CPJ – Committee to Protect Journalists, 11 décembre 2019, https://cpj.org/fr/2019/12/la-chine-la-turquie-larabie-saoudite-et-legypte-so/.

2. « Beating the block : Mada Masr launches Tor mirror », Mohamed Tita, in *Mada Masr*, 25/12/2019, https://madamasr.com/en/2019/12/25/feature/politics/beating-the-block-mada-masr-launches-tor-mirror/.

déblocage de sites censurés dans le cadre de son opération *Collateral Freedom*, en créant des sites-miroirs hébergés dans des pays non soumis à la censure[1].

Elle propose aussi un kit de sécurité numérique (*Help Desk*), qui comprend des guides pratiques (notamment des outils d'anonymisation et de chiffrement, dont Tor) et des modules permettant de tester sa sécurité numérique, d'identifier les diverses menaces et de connaître les erreurs à éviter.

Sur le terrain, RSF a par exemple mis en place en Afghanistan des sessions de formation à Tor pour les journalistes locaux.

Enfin, RSF, dirigée par un ancien journaliste, Christophe Deloire, propose des ressources documentaires à tous ceux qui s'intéressent à la liberté de la presse, comme la carte annuelle sur la liberté de la presse dans le monde[2].

Aux antipodes du site d'opposition égyptien : l'américain BuzzFeed News. C'est ce qu'on nomme un média d'« infodivertissement[3] » : l'information, en principe authentique et vérifiée par l'équipe de rédacteurs, est présentée sur un mode léger et accrocheur pour attirer un public jeune ou rebuté par des articles de fond. Ses articles, au format court, sont souvent repris de façon virale sur les médias sociaux.

1. *Collateral Freedom*, in *RSF Reporters sans frontières*, https://rsf.org/fr/collateral-freedom.

2. https://rsf.org/fr/classement.

3. Infodivertissement : mot-valise équivalent à l'anglicisme *infotainment* (*information + entertainment*) pour qualifier ce nouveau type de média, né dans les années 2000. Chez certains de ces médias, ceux diffusés sur Facebook notamment, l'information, souvent à dominante sensationnaliste, reprise d'autres médias et pas toujours vérifiée, n'est que prétexte à engranger des revenus publicitaires.

Le site du Clearweb créé en 2012 se dédouble dans le Darknet six ans plus tard[1].

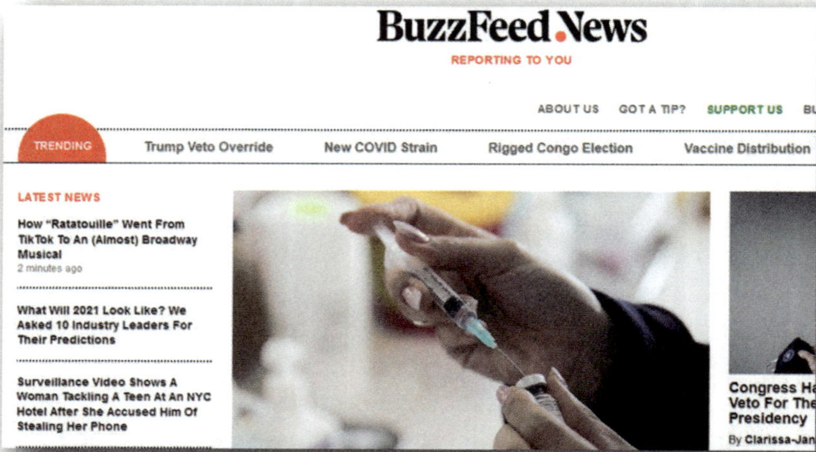

Figure 35.2 – BuzzFeed News, site-miroir dans Tor.

La question qui se pose est de savoir pourquoi tous ces médias ont créé des sites-miroirs en *.onion* alors qu'on peut accéder aux sites du Clearweb de manière sûre en s'y connectant au moyen du navigateur Tor Browser ?

Les « nœuds de sortie[2] » de Tor (qui permettent le dernier saut vers un site du Clearweb) peuvent être surveillés ou même directement contrôlés par des instances gouvernementales : c'est la principale vulnérabilité de ce réseau.

Rester au sein du réseau Tor en utilisant ses sites cachés est donc une couche de protection supplémentaire.

Mais cette possibilité d'accès pour tous à une information

1. bfnews3u2ox4m4ty.onion.

2. Dans l'architecture de Tor, qui est une succession d'au moins trois relais, un nœud de sortie est le dernier serveur, qui sera en liaison directe avec le serveur cible situé dans le Clearweb.

libre peut aussi servir les intérêts de certaines grandes puissances occidentales, par un effet *stimulant* sur les mouvements contestataires dans des pays qui bâillonnent ou éliminent toute opposition politique.

L'éventail des contenus proposés par les médias traditionnels qui investissent le Darknet est large, entre enquêtes à risques et infodivertissement. Mais il s'agit aussi de différence de nature, de type de journalisme.

36

Un village peuplé d'irréductibles Gaulois...

S'il est un domaine dans le Darkweb où l'on assiste à une effervescence comparable à celle des radios libres dans les années 1970, c'est celui du journalisme collaboratif.

Des journaux sans journalistes, comme le précise l'un des sites : « ReimsMediasLibres.info n'est pas un collectif de rédaction, c'est un outil qui permet la publication d'articles que vous proposez. » Néanmoins, les administrateurs peuvent aussi définir comme ligne éditoriale une thématique proposée sur une période de temps limitée.

Ces sites proposent un nouveau modèle de média : un échelon intermédiaire entre les commentaires souvent irréfléchis et peu informés qui caractérisent les médias sociaux et le travail journalistique d'investigation et d'analyse.

Le plus souvent ciblés sur des zones géographiques précises (une grande ville et ses alentours ou un territoire clairement identifié), ces médias donnent la priorité à l'information locale, tout en relayant les informations nationales et internationales si elles rentrent dans le champ de leurs valeurs et priorités :

– les mouvements citoyens et la remise en question des pouvoirs en place lorsqu'ils font preuve d'un manque de déontologie ou d'équité (souvent résumé d'un mot : un projet « anti-autoritaire ») ;

– l'accueil des migrants et des sans-abri ;
– la lutte contre la surveillance, publique ou privée (nombre de ces sites proposent un lien vers un site collaboratif répertoriant l'ensemble des caméras de surveillance) et les mesures sécuritaires ;
– l'action sociale de terrain : régies de quartier, ateliers de partage de savoirs, chantiers solidaires de rénovation de l'habitat, jardins partagés, accompagnement scolaire ou cours de français pour adultes ;
– la visibilité et la promotion des minorités : défense du féminisme, de l'anti-racisme, des droits de la communauté LGBT+ ;
– la culture, dans ses expressions et lieux traditionnels mais aussi dans la promotion des cultures urbaines : *street art* (fresques, tags et graffitis), hip-hop, rap, skate, etc. ;
– la défense de l'environnement (contre le nucléaire ou les grands projets industriels et d'infrastructures) et de la cause animale.

Ces sites comportent presque toujours une partie agenda : expositions, tables rondes, actions militantes et citoyennes. Certains s'ouvrent à des associations locales ou des collectifs, en leur offrant des espaces permanents de communication.

Si ces nouveaux médias se présentent parfois comme « alternatifs », c'est bien parce qu'ils mènent une fronde contre une information jugée formatée et trop éloignée des préoccupations immédiates des lecteurs, mais aussi contre un monde de l'information perçu comme étant à la botte du pouvoir, national ou local, et manipulé par la finance.

L'objectif est clairement de redonner du sens au « quatrième pouvoir » que représente la presse, sans toutefois outrepasser son rôle (ce qui peut arriver avec les grands groupes, par un cumul des pouvoirs économique et idéologique). C'est aussi rapprocher la presse de ses usagers.

Figure 36 – Média collaboratif, à Toulouse et ses alentours.

Si la critique du pouvoir en place et l'opposition à l'action des forces de l'ordre sont quasi systématiques, la priorité reste de promouvoir une société globalement anticapitaliste, plus égalitaire et plus solidaire.

Ce qui reste mystérieux, c'est la raison pour laquelle ces sites se trouvent dans le Darkweb. En effet, pour tous les cas que nous avons étudiés, ce sont des sites-miroirs, copies conformes des sites éponymes du Clearweb. Preuve qu'il ne s'agit pas d'un palliatif d'une censure locale. Il s'agit essentiellement de sites locaux, à l'échelle d'une agglomération, sans lectorat potentiel dans des pays soumis à une censure étatique, comme la Chine ou la Turquie, qui bloquent les contenus en provenance de l'étranger.

L'avenir dira si ces nouveaux modes d'information répondent à un véritable besoin et se pérennisent. Leur présence dans le Darkweb répond sans doute au souci de préserver la vie privée comme les engagements politiques et sociaux de leurs lecteurs d'une éventuelle surveillance étatique.

Car le Darknet remplit aussi cette fonction de site de repli, de base arrière pour des mouvements d'opposition ou de dissidence.

37

Defensa de la República de Catalunya a Tor

Pour être honnête, au départ nous cherchions des sites sur des opposants politiques en Asie ou au Moyen-Orient.

Rien sur le moteur de recherche Torch avec les mots clés « *political opponents* ». Nous essayons alors toutes les combinaisons de mots avec « *politic* », « *political* », « *opposition* », « *opponent* », « *politics* » et nous tombons sur…

Figure 37 – Site indépendantiste catalan.

República ? L'Espagne est une monarchie (parlementaire). *Catalunya* ? En espagnol, on écrit *Cataluña* ; donc, ce doit être du catalan. Et même sans parler ni catalan ni espagnol, on comprend qu'il est question de prisonniers politiques. Les deux Jordi, probablement…

Le contenu du site est très léger : quelques vidéos de manifestants et policiers dans la rue. Pas de son. Pas de texte. Mais l'intitulé de la page au bas de l'écran (ce qui s'affiche lorsque vous passez la souris sur l'adresse URL d'un site ou sur un lien) livre de précieuses informations (en espagnol, cette fois-ci) :

> referykkmr36j4hs.onion/media/videos/Se_desata_ola-de_violencia_por_Referendum_en_Cataluna-[...] : « Une vague de violence se déchaîne à l'occasion du référendum en Catalogne. »

Le Clearweb – sites militants, articles de presse, Wikipédia – permettra d'en savoir plus. Mais ce qui nous intéresse, c'est ce qu'on trouve dans le Darknet.

Les vidéos montrent donc des groupes de manifestants – qui ne défilent pas mais sont rassemblés devant des immeubles –, des groupes de membres des forces de l'ordre, des affrontements entre les deux. Sur quelques-unes des vidéos, de longues tables dans la rue, avec des chaises d'un côté et des piles de papier.

C'est, en quelques images, tout le mouvement de protestation d'une partie des Catalans à l'automne 2017, autour de l'organisation – interdite par le gouvernement espagnol – d'un référendum d'autodétermination. Des affrontements, parfois violents, ont eu lieu entre la population et la Guardia Civil, ainsi que des tentatives d'interruption des opérations de vote.

Le croquis des deux hommes prénommés Jordi et les slogans demandant la libération des prisonniers politiques sur la bannière du site rappellent l'arrestation et l'incarcération de Jordi Sànchez et Jordi Cuixart, les dirigeants de deux associations indépendantistes.

Ce qui n'est pas évoqué sur le site, ce sont les suites, désenchantées, de ce soulèvement populaire :

– fin 2017 à mars 2018 : interpellation et incarcération d'autres indépendantistes ;
– octobre 2019 : condamnation de 9 personnes à des peines de 9 à 13 ans de prison ;
– 5 décembre 2020 : suppression du régime de semi-liberté pour Carme Forcadell – ancienne présidente du Parlement – et Dolors Bassa – syndicaliste et ancienne députée, qui déclarent : « Maintenant nous repartons vers la grande répression. On continue, nos convictions sont intactes ! Aujourd'hui, rage, puissance et dignité. »

Alors, qu'est devenue la *República de Catalunya* ? Il en reste bien une trace « *a Tor* » comme le précise le bandeau du site : dans Tor. Mais aucun État ne l'a reconnue officiellement. Seules d'autres régions séparatistes – comme l'Ossétie du Sud, l'Abkhazie, le Haut-Karabakh – lui ont accordé leur soutien, ainsi que la Première ministre d'Écosse et le président de l'Assemblée de Corse.

Au sein même de la population catalane comme pour certaines entreprises, lesquelles ont quitté la région depuis ces événements, l'indépendance n'est pas un souhait unanime, loin de là.

Finalement, la *República de Catalunya* n'est plus, presque oubliée de ses partisans d'hier, qui ont cessé de maintenir le site à jour dès les premières vidéos publiées...

Un site-fantôme, figé dans un temps immobile. Contraste saisissant avec l'irruption fantasque d'une vie joyeuse et décomplexée, qui déboule sans crier gare au détour du chemin...

38

Ils en ont dans le pantalon !

Figure 38 – Vignette figurant sur le site *Sauf.ça*.

Cette image est tellement inattendue, entre poésie surréaliste et kitsch absolu… Il faut que nous découvrions d'où elle vient, puisqu'elle ne comporte pas de crédit photographique. On utilise une fonction de recherche d'images inversée, qui permet de remonter l'historique d'une image, jusqu'à sa première publication.

Ce ne sont pas moins de 88 publications différentes qui s'affichent ! Sur des pages Facebook, sautant de page en page ; dans de très nombreux tableaux Pinterest, ces collections d'images épinglées par des passionnés ; sur Tumblr, la plateforme de micro-blogging, mêlant photos, textes, vidéos, musique, dessins. Une démonstration par l'exemple de la viralité d'Internet…

Enfin, on identifie la première publication du cliché – sur une plateforme de partage de travaux d'artistes photographes – ainsi que son auteur. Après des dizaines de reprises de sa photo sans que quiconque lui en ait donné les crédits, c'est désormais chose faite : © mumulyadi82/imgur.

Mais dans quel recoin du Darkweb avons-nous déniché cette photo voyageuse ? *Sauf.ça*. C'est le nom du site : *Sauf.ça*. C'est un site-miroir, copie conforme de son jumeau d'Internet. Des cases ; on clique dessus, ça ouvre un lien dans le Clearweb qui affiche une photo, un dessin de presse, une courte vidéo, un article, un cartoon, une maxime, un manga, un gif animé…

Des thèmes d'un éclectisme absolu, avec une prédominance de ce qu'on appelle, avec dédain, la *sous-culture*.

Les contenus sont en lien avec l'actualité… ou pas du tout. Se télescopent alors dans un joyeux désordre :

– un défilé de mode ;
– un dessin de *South Park* ;
– une manifestation contre le mariage homosexuel ;
– un article sur les relations entre Gérald Darmanin et Nicolas Sarkozy…

Le design est minimaliste : une grille de treize colonnes sur un nombre incalculable de lignes qui défilent sans fin, et où les cases noires dévoilent les uns après les autres leur contenu secret, au rythme des clics des visiteurs. Avec le plaisir dérisoire et un peu ridicule d'être le premier à découvrir (dé-couvrir) celle-ci ou celle-là.

Mais pourquoi diable une telle chose dans le Darkweb ?

Bien sûr, tout cela n'aurait aucun sens pour des dissidents reclus dans des caches secrètes, des croyants en fuite sur les chemins, des hommes et des femmes en lutte ou persécutés.

Mais, entre ce monde et le nôtre – nous, Occidentaux nantis, suréquipés et ayant libre accès à tout et souvent n'importe quoi –, il existe une zone grise. Une zone où se trouvent des pays soumis à un contrôle *ciblé* de la part des autorités ; une *relative* surveillance numérique ; un *certain* poids des traditions ; des *limitations* au droit à voyager.

Pour tous ceux-là, *Sauf.ça* ouvre des fenêtres – ou plutôt des lucarnes – sur le monde. Sur tous les mondes.

Et pour nous, les privilégiés, c'est un peu comme un calendrier de l'Avent permanent. Surtout lorsqu'on clique sur une case noire ; parce que forcément, quand la vignette a déjà été ouverte, on sait déjà un peu sur quoi on va tomber…

Nous n'imaginions pas du tout, en revanche, ce qui nous attendait lors de notre escapade suivante.

PARTIE VI

BLOGS ET FORUMS

Lors d'un voyage touristique, on croise bien sûr des personnes utiles au bon déroulement de notre séjour, mais les interactions restent superficielles. L'objectif affiché est toujours le partage avec de « vraies gens ». C'est cette expérience-là que nous fait vivre une balade sur les blogs et les forums du Darkweb, loin des échanges commerciaux, à la rencontre de gens comme vous et moi. Ou pas…

39

Sandra, la fille aux dents de lama

Pour apprendre à mieux connaître la population « torienne » locale, nous parcourons les titres de la sous-rubrique *Blogs perso* d'un portail généraliste. Nous sélectionnons celui-ci, nommé *Sandra Xxxx*, le nom est indiqué en clair, ce qui est inhabituel : les blogs sont en général publiés sous pseudonyme ou au mieux avec le seul prénom de leur auteur.

Il est tout de suite flagrant qu'il ne s'agit pas le moins du monde d'un blog personnel !

Figure 39 – « Clairement la même espèce. »

La victime est par son prénom et son nom (que nous avons masqué, comme en partie son visage) en titre de page, avec une taille de caractères tout à fait inhabituelle. Cela est confirmé par un *tag*[1] sur une des photos avec cette fois-ci son prénom et son patronyme (*fille de*) ce qui la situe dans un pays russophone. Enfin, l'URL du site commence par le prénom de la jeune fille : http://sandra¤¤¤¤¤¤¤5m.onion/.

POUR MÉMOIRE

Dans Tor, les URL – les adresses de site, en 16 ou 56 caractères alphanumériques – sont générées de façon aléatoire. Il est désormais possible de générer des adresses plus lisibles, avec une première partie permettant d'identifier le site, comme celles de Facebook ou du *New York Times*.

Le processus requiert une application spécialisée qui va relancer la demande de génération d'URL jusqu'à tomber sur la combinaison de lettres souhaitées. Un peu comme si vous lanciez en l'air tous les jetons d'un jeu de Scrabble jusqu'à ce qu'ils retombent en formant votre prénom…

La technique, automatisée, n'est pas en soi complexe, mais penser à l'utiliser démontre une volonté ferme d'identifier de façon formelle la victime, et peut-être de retrouver et transmettre plus facilement l'adresse de la page.

La présentation est celle d'un blog, où l'on fait défiler les écrans.

1. *Tag* : balise, visible ou non, insérée dans un document et qui permet entre autres d'identifier quelqu'un sur une photo.

Alternent alors les moqueries sur son physique avec une photo grossièrement photoshoppée ainsi légendée : « Un cochon, hippo ? », l'emploi de *it* (« ça ») au lieu de *she* (« elle ») pour la désigner, des insultes sexistes, des photomontages plaçant Sandra dans des situations de fellations et, pour finir, un visuel kafkaïen où Sandra est représentée sur une pierre tombale, assaillie par sept verges serpentines... Un contenu qui serait immédiatement bloqué sur les médias sociaux du Clearweb.

POUR MÉMOIRE

L'exposition de Sandra est un des rares exemples (pour le moment) d'une migration d'Internet vers le Darknet pour les comportements de « haine en ligne » à l'égard d'un individu, et non plus d'un groupe social.

L'obligation de modération des contenus – c'est-à-dire le contrôle et la suppression des contenus litigieux – s'impose progressivement à Facebook et Twitter. Exiger le retrait de contenus injurieux ou dégradants traduit une volonté de défendre et protéger les victimes de contenus malveillants, agressifs et menaçants.

L'interdiction de sites aux contenus racistes, antisémites ou homophobes relève de la même intention.

Mais les sites interdits quittent Internet pour se replier dans le Darknet. Et les rageux, les aigris et les violents quittent des réseaux sociaux désormais censurés pour des alternatives comme le réseau social russe multilingue VK*ontakte*, où les échanges sont beaucoup plus directs et virulents. Nul doute qu'ils investiront le Darknet lorsque son usage se sera démocratisé.

Pour poursuivre l'opération de *fat-bashing* (dénigrement des personnes qualifiées de « grasses », pouvant aller jusqu'au lynchage médiatique), à la fin du blog un lien censé pointer vers « son propre site » mène à une page assez incroyable !

C'est un jeu d'arcade nommé Fatty World où le pointeur en forme de « tête de Sandra » permet soit de prendre du poids en récupérant les pizzas, gâteaux, hamburgers et donuts, soit d'en perdre en évitant la malbouffe et en visant les fruits (nettement moins nombreux…). Le poids de départ est de 300 pounds (environ 150 kilos). Le tableau des scores, conçu pour afficher les dix meilleurs, ne concerne qu'un seul joueur, Fat Hater (qui peut se traduire aussi bien par « Gros Haineux » que par « Haïsseur de Gros »). Le harceleur, sans doute.

Son objectif est d'humilier Sandra, c'est clair. Mais pourquoi ? Il n'y a aucune photo de Sandra nue ou pratiquant un acte sexuel ; donc, ce n'est pas du *revenge porn*, ce mode de vengeance consistant à diffuser publiquement des photos et vidéos d'ébats sexuels avec un ou une partenaire dont on est séparé. Les photos sont principalement des selfies, qui ont pu être dérobés dans son smartphone, sur lesquels ont été ajoutés des sexes masculins, dessin griffonné avec l'option dessin d'un smartphone et photo grossièrement détourée[1], donc probablement récupérée sur un site porno. Il s'agit donc probablement d'un prétendant éconduit et frustré. Ou d'une prétendante… Il y a peut-être un indice dans ce geste de Sandra sur un de ses selfies : le symbole lesbien de la langue entre deux doigts écartés (vous a-t-on déjà dit que vous apprendrez probablement des choses inattendues avec ce livre-reportage ?!…).

Pas de cyberharcèlement, ici, puisque la victime en ignore tout, mais une forme de *bashing* (ou « lynchage ») furtif. Une vengeance mesquine et sournoise élaborée par quelqu'un – ou

1. Détourer : sélectionner une partie d'un visuel, une photo en général, à l'aide d'outils numériques de découpe, comme il en existe dans les logiciels de retouche de type Photoshop.

quelqu'une – qui s'est donné beaucoup de mal pour un résultat qui n'est paradoxalement ni intrusif (comme le serait du harcèlement par *sextos*) ni vraiment public. Mais qui pourrait néanmoins s'avérer destructeur pour cette adolescente si elle venait à le découvrir.

Far West – Dark West : roman d'anticipation

Cet univers n'est pas régulé. Cela signifie que n'importe qui peut faire n'importe quoi. Avec l'augmentation du contrôle dans le Clearweb, de nouveaux sites, forums et blogs haineux vont peu à peu émerger.

Les personnes ou sociétés qui seront victimes de ces agissements n'auront aucun moyen légal de défense, puisqu'il n'y a aucune autorité centrale de régulation. Mais il existe une riposte.

Un site du Darknet est aussi vulnérable que ses cousins du Clearweb : il peut être piraté, bloqué, effacé. Et comme personne ne pourra s'en plaindre aux autorités, toutes les techniques de hacking possibles pourront être employées, sans limites, de la plus subtile à la plus brutale.

Des groupes de justiciers, ou plus probablement de mercenaires à engager moyennant finances, vont se mettre en place pour agir de cette manière. Les chasseurs de primes contre les bandidos *! Cela promet des épisodes agités à l'avenir pour ce réseau plutôt en retrait de ce point de vue-là, pour le moment. À terme, il y aura sûrement une forme d'autorégulation.*

Mais on en n'est pas encore là…

Et pour le moment, les forums du Darknet restent affranchis de toute censure, pour le meilleur… et pour le pire !

40

À l'Est, rien de nouveau

Les forums de discussion sont des médias sociaux parmi d'autres. Et sur ceux du Darknet – hormis quelques-uns où la pédopornographie et les discours racistes sont bannis (« *No CP, no racism* ») – la parole est libre. À l'abri de tout contrôle et de toute sanction pénale et affranchie de toute forme d'autocensure.

À deux clics du faux blog de Sandra, ce vrai forum russophone. On peut y lire aussi bien une analyse réfléchie de la situation géopolitique en Crimée que des commentaires et argumentations emplis de haine. Rien de nouveau sous le soleil, à l'Est comme à l'Ouest…

> Que cela nous plaise ou non, dans quelques décennies, il n'y aura plus de pays séparés. Les noms des régions resteront, mais la monnaie, les passeports et autres documents seront communs. […]
> La priorité en matière de logement et de travail sera donnée aux métis. Les métis sont des sang-mêlé obtenus à la suite de croisements de races totalement incompatibles. Des demi-nègres, par exemple. Les métis n'ont pas d'identité nationale.

>

Ils ne se perçoivent pas comme des Russes, des Marocains ou des Américains. Ils se considèrent comme des citoyens du monde. Ce sont des libertariens nés. […]
À propos, les maîtres du monde ne sont pas pressés de se croiser et de se transformer en métis. Les dynasties royales préfèrent épouser leurs parents plutôt que de se laisser dissoudre dans la plèbe.

Habituellement, les métis sont mauvais, envieux et détestent inconsciemment tous ceux qui se démarquent de quelque manière que ce soit. Ce sont les principaux opposants au capital humain, à tout système de valeurs, à toute culture. […]
Ils n'ont pas de culture, Même si l'on a remarqué que les métis aiment le rap. Surtout le rap hystérique, profondément social. […] Texte stupide dont il faut se souvenir le plus facilement possible, images simples, et l'accent mis sur le sexe. Forcément, il y aura des voitures, des putes frétillantes aux lèvres en silicone comme des poissons prédateurs. Les métis ont complètement détruit leur mémoire génétique. Il n'y a pas du tout de pensée abstraite. Seuls les instincts primitifs les plus simples, la reproduction et l'instinct grégaire, sont restés. Et oui, les métis ne sont pas Tatar + Biélorusse, ni Polonais + Allemand. Les métis sont Marocains + Norvégiens ou Chinois + Brésiliens. Autrement dit, ils brisent complètement l'évolution génétique développée sur des millions d'années.
Les métis sont une expérience contre le bon sens, contre la nature. Les métis sont comme le croisement d'une voiture de fonction et d'un tracteur. Ou de bétonnières avec des petites voitures. Ils ont le droit d'exister, mais pas d'être en circulation de masse.

Des préjugés, un mépris et un vocabulaire haineux que l'on retrouve de nos jours en France. De moins en moins sur Internet grâce à la généralisation des actions de signalement, la régulation des plateformes et les sanctions judiciaires. Mais de plus en plus et – pour le moment – en toute liberté et toute impunité dans le Darkweb.

Nous les avons rencontrés, les « vrais gens ». Pas sûrs d'avoir envie de faire plus ample connaissance !

41

John Doe

– Toi qui te la joues aventurière, aujourd'hui je t'emmène faire une petite visite guidée dans une drôle de tribu, qui se rassemble pour de longues palabres sur… les forums de geeks !

– Beurk ! Des pages et des pages de listings, des milliers de lignes de code, un jargon techno-cyber incompréhensible…

– Mais non ! Des bibliothèques de programmes, des banques de données, des ressources informatiques partagées gratuitement, dans un esprit communautaire.

– *Communautaire*, vraiment ?

– Certains sont un peu utopistes, c'est vrai. Mais ça change, de voir des gars qui ne sont motivés ni par l'argent ni par la recherche de pouvoir. Le titre d'un de ces sites de partage c'est *We Build ours dreams by Hand* : « Nous construisons nos rêves à la main ».

– Tu en deviendrais presque poète…

– Mais oui ! Le foisonnement des projets, l'implication, l'engagement des participants, tout ça montre qu'il y a une vraie dynamique dans le Darknet ! Et que ça permet d'avoir accès à une somme de connaissances en constante évolution, quel que soit son environnement politique. Le credo de ces passionnés : protection des individus contre les États, lutte contre la monétisation de l'information et partage des connaissances.

– Vu comme ça, c'est bon pour la visite guidée !

– Ici, on trouve des tutos pour bien utiliser Tor et d'autres outils d'anonymisation : comment configurer les *bridges*, par exemple, les relais Tor spéciaux qui permettent de contourner la censure. Dans cet autre fil de discussion, on explique comment utiliser *PGP–Pretty Good Privacy*, un protocole qui permet d'envoyer des messages chiffrés que seul le destinataire pourra lire. Et là, ce sont des algorithmes de chiffrement et déchiffrement sur Linux, un système d'exploitation libre, donc accessible à tous. Les ressources sont phénoménales. Et ces forums permettent aussi d'entrer en contact avec des personnes d'une compétence rare, dont le seul but est de promouvoir les moyens de communiquer en tout anonymat. Comme John Doe.

Ce pilier du Darknet, encensé par ses pairs et auteur de quantité de publications d'un niveau technique remarquable, finit par accepter de répondre à nos questions, à condition de ne donner aucun indice sur lui ou son site. Avant notre rencontre numérique, Pierre a augmenté notre niveau de sécurité en rajoutant un VPN et en se connectant au travers d'un réseau wifi public. À la demande de John, la conversation a lieu sur un des sites dédiés du Darknet qui effacent au fur et à mesure les messages.

C'est Pierre qui mène l'interview :

– Peux-tu nous expliquer quel est ton parcours et pourquoi tu animes ce forum ?

– De parler de moi, éviter je préfère. Contre toute forme d'oppression, je suis ! La liberté pour tous, je veux !

– Mais tu parles comme Maître Yoda ! Dis-moi : est-ce que tu vis des dons faits sur le site ?

– Bien vu, j'aime ! Non, les dons sont destinés à aider des

libertymen[1]. Ils luttent en programmant pour échapper à la domination mondiale. J'ai un très bon travail, très, très bien payé ! Vérifie l'adresse BTC[2], tu verras que je redistribue tout. Notre communauté augmente chaque jour. Mais les forces du mal aussi. Leur but est de tout contrôler.

– Tu veux dire les GAFAM ?

– Pas seulement, ils ne sont pas totalement mauvais ceux-là ! Il y a les États aussi, des organisations très puissantes comme les Chinois ! Ils veulent nous contrôler, diriger nos vies, nous transformer en produits, faire de nous des pions. Je lutterai jusqu'à la fin pour empêcher cette horreur !

– Lutter, mais comment ?

– En offrant à tous les outils techniques pour communiquer sans filtre. Par n'importe quel moyen ! Plus de dictateurs, la liberté pour tous ! Liberté ! Liberté !

Il continue ainsi de discourir en citant les dizaines d'actions que lui et son groupe mènent pour lutter contre la dictature numérique, quand Pierre lui pose la question qui le démange :

– Mais Tor est une émanation de la Navy, en partie financé par le Sénat américain. Donc probablement infiltré par la NSA, non ?

– :–))

Quelques instants après cet emoji, il envoie un « fichier son », accompagné d'un fichier binaire : la musique de *Mission impossible* ! Pierre finit par avoir la certitude que John Doe est en lien avec la NSA ou même en fait-il partie. Les fichiers qu'il a envoyés ont peut-être déjà infecté notre ordinateur, que nous formatons immédiatement.

1. Peut-être une référence aux *Minutemen* américains de la guerre d'Indépendance, des miliciens qui s'étaient engagés à être prêts en deux minutes pour combattre les Anglais.

2. Adresse BTC : suite de caractères composant le lien qui permet d'effectuer des versements en bitcoins.

Et vous verrez parfois Pierre regarder vers le ciel ou vers une caméra de surveillance et faire un petit salut de la main… destiné à John Doe.

Qui sait ?… ;–))

QUE FAIRE POUR UNE BONNE HYGIÈNE NUMÉRIQUE ?

Internet a envahi nos vies. Nous l'utilisons dans quasiment tous les aspects de notre vie : travail, finances, maison, famille, sport, santé, vacances, éducation, relations sociales et amoureuses… Il est indispensable de connaître les risques de cette culture du tout numérique :

– dès qu'il y a connexion, il y a un risque de piratage ;
– si c'est gratuit, c'est vous le produit ! La vie privée ne l'est plus réellement : les réseaux sociaux permettent de communiquer et les applications facilitent le quotidien, mais ces services nous espionnent en permanence et nous connaissent mieux que nos proches. C'est une des sources d'information favorite des hackers, escrocs, voleurs, etc.

Toutes nos données personnelles ont une valeur. Elles sont utilisées, vendues, échangées. Pour comprendre le niveau d'intrusion de ces applications, il suffit de se connecter sur son compte Google et de parcourir son historique de recherche, ses trajets…

La culture numérique, c'est aussi comprendre comment nos données sont utilisées et s'en protéger en utilisant des outils dédiés : anonymat ou pseudonymat, VPN, coffre-fort numérique, mots de passe complexes (*phrases de passe*), biométrie, paramétrage de nos « amis » sur les réseaux sociaux. Et apprendre à rester discret…

42

Libre Nation & démocratie

Les idées bien arrêtées de John Doe sur les Chinois et l'importance de la censure en Chine nous fixent notre prochain cap.

Les *Hidden Wikis* sont peu orientés sur les sujets politiques et il faut se tourner vers d'autres outils. *UnderDir*, abréviation usuelle de *The Undernet Directory*, est un portail généraliste qui rassemble des ressources extrêmement abondantes et variées, et propose une rubrique *Politique / Religion* avec système d'évaluation par les visiteurs.

C'est ainsi que nous avons appris l'existence du site chinois *Libre Nation*.

Dans le nom du site, les deux idéogrammes de gauche signifient « libre ». Le premier veut dire « soi-même » et le second « suivre », « chemin ». La liberté, ce serait donc suivre le chemin que l'on a décidé pour soi-même...

Figure 42.1 – Forum chinois *Libre Nation*.

La page d'accueil du forum précise d'abord les valeurs revendiquées par ses initiateurs :

Informations sur le forum de *Libre Nation*
Libre Nation est une communauté de libre expression. Tout le monde peut exprimer ses opinions et partager des fichiers. Il n'y a pas de contenu minimum.
Chacun a ses propres choix et opinions, chacun est unique et mérite une attention particulière !
Veuillez vous montrer bienveillant envers tous les utilisateurs de ce forum et ne faire aucune attaque personnelle.
Vous devez également faire preuve de tolérance vis-à-vis des centres d'intérêt et des idées des autres, qui sont différents des vôtres. [...]

>

Puis – et c'est là que ça devient vraiment intéressant – la procédure d'accès au forum est longuement détaillée. Un mélange de recrutement en entreprise et de parcours du combattant ! L'extrême méfiance de l'administrateur du site et sa crainte que le forum ne soit un jour infiltré nous renseignent – de l'intérieur – sur la façon dont les citoyens chinois vivent la surveillance omniprésente exercée sur eux par le pouvoir :

Dépôt de candidature
Veuillez vous présenter ici par écrit, afin que le webmaster puisse mieux vous connaître. L'objectif est de permettre au webmaster de comprendre dans quel but vous souhaitez intégrer ce forum et aussi d'utiliser ce texte pour déterminer si nous pouvons accepter votre candidature comme membre

>

>

ordinaire. Ce n'est que lorsque l'administrateur se sera fait une opinion sur vous que vous saurez si votre candidature est approuvée ou pas. Sinon veuillez nous pardonner, c'est que l'administrateur n'aura pas validé votre demande.
Par exemple, répondez-vous vraiment aux exigences du forum ? Qui êtes-vous ? Où avez-vous découvert le forum ? Pourquoi voulez-vous le rejoindre et que pouvez-vous y apporter ? Entre autres, partager ressources et expériences, lancer un fil de discussion et apporter votre contribution au forum, en faisant des suggestions ou en fournissant des ressources. Ou encore en essayant d'évaluer si les ressources proposées sont fiables ou si elles risquent d'occasionner des dommages, comme des virus, par exemple.
Veuillez ne saisir aucune information déjà enregistrée sur Mingnet[1].
Par exemple, votre vrai nom. Vous n'avez qu'une seule identité ici : un nom non identifiable. Veuillez respecter l'anonymat. Donnez-vous un pseudonyme comme nom de membre. [...]

Suivent de complexes consignes de sécurité, à base de mails cryptés. Ce luxe de précautions rend tristement compte de la chape de plomb qui pèse sur la population. Car la Chine reste bel et bien en tête pour la surveillance (de masse et individuelle) et la censure, qu'il s'agisse d'entrave à la liberté d'information ou d'entrave à la liberté d'expression, censure contre laquelle se bat *Libre Nation*. Dans ce pays sont interdits la majeure partie des réseaux sociaux occidentaux[2], ainsi que

1. *Mingnet* : ?? Si un lecteur peut nous éclairer… A priori, une base de données, peut-être gouvernementale.

2. Cette censure explique le développement de réseaux sociaux nationaux, donc sous contrôle, comptant parfois près de 900 millions d'utili-

de nombreux sites web[1]. La Chine mène en outre une guerre sans merci au plus emblématique des darknets : Tor.

Tout le monde connaît désormais le fameux « crédit social chinois », un système de surveillance et de notation donnant lieu à des punitions ou récompenses : droits concernant l'emploi, l'éducation, les voyages, le logement[2]…

Moins connu est le *Golden Shield Project*[3] (« Projet Bouclier d'Or »), qui est un projet global de sécurité des réseaux, axé sur la surveillance intérieure, et dont fait partie le très controversé « *Grand Firewall de Chine* ». C'est un projet de surveillance et de censure descendante, principalement destiné à filtrer les informations en provenance de l'étranger, par l'utilisation d'outils permettant de bloquer les adresses IP de sites ou applications indésirables.

Ce blocage est prévu pour être permanent pour les sites étrangers interdits en Chine comme Twitter et Facebook, ainsi que pour des sites liés à des organisations dissidentes comme le Falun Gong ou à des mouvements indépendantistes concernant Taïwan, le Tibet, etc.

À défaut de pouvoir interdire Tor ou le bloquer complètement, le gouvernement chinois essaie, comme l'Inde ou la Turquie, d'en réduire au maximum l'accès. Les équipes de Tor ont prévu pour ces cas une procédure spécifique d'accès, qui n'utilise pas les points d'accès au réseau répertoriés dans des listes publiques mais un autre type de relais, les *bridges* qui, eux, ne figurent pas sur cette liste. Limites du système :

---

sateurs, dont *WeChat*, souvent comparé à Facebook mais qui intègre de nombreux autres services comme le paiement en ligne, et *Youku*, équivalent local de YouTube.

1. Pour vérifier si un site est bloqué en Chine : https://www.comparitech.com/privacy-security-tools/blockedinchina/.

2. https:/www.geo.fr/voyage/chine-quatre-idees-recues-sur-le-credit-social-chinois-199793.

3. https://en.m.wikipedia.org/wiki/Golden_Shield_Project.

lorsqu'on a besoin de cette protection, il faut envoyer une demande aux gestionnaires de Tor pour obtenir l'adresse de ces points d'accès ; ce qui n'est pas complètement hors de portée d'un agent gouvernemental…

Lorsqu'ils parviennent à accéder à Tor, les utilisateurs chinois ont alors un large accès à Internet (à l'échelle mondiale, Tor est utilisé à environ 95 % pour la navigation furtive sur le Clearweb).

Les Chinois ont aussi la possibilité d'accéder à des contenus ciblés et mis en ligne à leur intention pour contrer la censure descendante, celle de l'accès à l'information, dont l'information internationale, très majoritairement anglophone.

Figure 42.2 – Cours anglais-chinois de la BBC.

La BBC, par exemple, propose un site en *.onion* destiné à faciliter l'apprentissage de l'anglais… mais avec des phrases-types pour le moins curieuses : « L'eau présente sur la Lune pourrait approvisionner une base lunaire. » De quoi s'interroger sur les motivations ultimes de cet apprentissage…

Une question à se poser pour tous les contenus de formation en ligne sur le Darknet.

43

Contenus… explosifs !

Les combats menés pour faire vivre sa vision du monde peuvent être pacifiques, comme c'est le cas pour les utilisateurs de *Libre Nation*. Ou passer par la lutte armée.

Et si les moyens financiers manquent pour acquérir des armes conventionnelles, le Darknet peut être une ressource tout à fait intéressante… pour qui sera suffisamment discret afin de ne pas se faire remarquer et dénoncer.

Au cours de recherches sur des forums dans le cadre d'une de mes enquêtes, je débarque un jour sur un thread[1] *proprement hallucinant entre des internautes et une sorte de professeur de chimie complètement « perché ».*

Au fil des publications, il expliquait comment fabriquer des fumigènes, des explosifs à base d'engrais et même du TATP, un explosif artisanal extrêmement puissant, très prisé des terroristes. Pour agrémenter ses cours, il les illustrait de petits films et de recettes détaillées avec le dosage des produits, les différentes façons de les mélanger et de les conserver. Il disposait d'une panoplie complète de petit chimiste et expliquait aussi comment se procurer tous ces équipements sans éveiller de soupçons. Son auditoire, extrêmement attentif, en redemandait, posant moult questions.

1. *Thread* : fil de discussion sur un forum.

N'étant pas suffisamment calé en ce domaine, j'ai demandé l'aide d'un collègue démineur. En parcourant le forum à mes côtés, il secouait la tête, effaré. Certains des « élèves » avaient reproduit des expériences avec des tube bombs *: un tube métallique, rempli d'explosifs, une mèche à une extrémité... Un autre s'était mis en tête de fabriquer du TATP.*

Cependant, tout au long des conversations, il n'était à aucun moment fait mention d'objectifs politiques ou religieux. Leurs motivations étaient diverses : l'un d'entre eux voulait faire sauter la voiture de son beau-père ; l'autre, balancer des fumigènes dans un bus bondé ; un troisième prévoyait de faire sauter un rocher dans son jardin.

Le « professeur » leur expliquait doctement que tout cela était dangereux et qu'ils devraient veiller à ne pas se blesser ou tuer quelqu'un... tandis qu'il réexpliquait ses recettes, reprécisant les dosages les plus destructeurs !

Tous représentaient un danger pour eux-mêmes et leur entourage, ainsi qu'une menace pour les cibles auxquelles ils envisageaient de s'attaquer. Malheureusement, l'anonymat total de ce forum hébergé sur Tor ne me permettait pas d'y mettre fin.

Mais tout le monde commet un jour des erreurs et ce fut le cas d'un des participants. Une fois localisé, il a été pris en charge par un service spécialisé qui s'est servi de lui pour infiltrer le forum. De mon côté, j'ai immédiatement quitté ce réseau pour éviter d'être grillé.

Je n'ai jamais su si certains de ces apprentis sorciers avaient été identifiés comme proches de mouvements terroristes, se formant à l'action en toute discrétion. Ou si parmi eux se cachaient des gens fascinés avant tout par la destruction et la violence gratuite.

L'âme humaine reste un mystère...

44

Dans la tête d'un pédophile

Les forums où de vieux messieurs libidineux, de jeunes éducateurs spécialisés[1], de virils entraîneurs sportifs s'échangent force histoires salaces, destinations de voyage, gros plans et travellings, sont pléthore. Nous savons ce qu'on y trouve. Vous devinez ce qu'on peut y lire. Aucun intérêt de les reproduire ici.

Nous avons voulu vous faire découvrir un autre type de forum pédophile. Un forum qui apporte, dans certaines de ses rubriques du moins, de l'aide et du soutien. Pour se rendre compte de ce qu'il peut y avoir dans la tête d'un pédophile qui ne serait pas un pédocriminel.

Parmi d'autres rubriques, celle-ci détonne, par son titre très inhabituel :

PÉDOPHILIE CONSERVATRICE – Rubrique dédiée aux pédophiles qui ont choisi de ne pas pratiquer le sexe avec des enfants pour des raisons éthiques et/ou morales. On peut y lire l'appel au secours qui suit. Un profond, et semble-t-il sincère, besoin d'aide et de soutien de ses pairs. Il est en date d'un 31 décembre au soir, deux heures avant le jour de l'An : l'heure des bilans, l'heure des décisions.

1. Cela peut choquer, mais un jeune ou un enfant porteur de handicap aurait cinq fois plus de risques – qu'il soit en famille ou en institution – d'être victime de violences sexuelles…

tentative d'arrêter le CP[1]

tout d'abord, je m'excuse si c'est la mauvaise section.
voici ma présentation d'AA[2], je m'appelle Ono, je suis un pédophile et je crois que je suis accro au CP.
j'ai l'impression que ma dépendance au CP a un impact très négatif sur ma vie. comme je l'ai dit dans mon post de présentation, ça m'a pris beaucoup de temps d'accepter que j'étais pédophile et même si j'ai fini par accepter que j'étais attiré par les enfants, ça, plus le fait que je regarde du CP, ça fait que j'ai beaucoup de mal à avoir des relations sérieuses avec d'autres adultes. je ne peux rien faire en ce qui concerne mon attirance pour les enfants, mais je peux au moins tenter de limiter les effets que ça a sur ma vie en tentant d'arrêter le CP. j'ai essayé à de nombreuses reprises, mais je n'ai jamais tenu très longtemps, je pense que c'est dû au fait que je n'ai pas de cadre de soutien, jusqu'à présent j'ai dit à personne que j'étais pédophile vu que je pouvais me confier à personne, je pouvais faire confiance à personne pour ne pas me fuir ou me dénoncer à la police. cependant, pendant très longtemps, j'ai traîné dans cette communauté sans poster, je suis parti et revenu pas mal de fois, et j'ai enfin décidé de me confier ici, à des gens qui vivent la même chose que moi.
maintenant qu'enfin avoir un endroit où je peux parler de mes sentiments et peux partager mes épreuves j'espère que ce sera plus facile d'arrêter enfin le CP et j'espère que vous, la communauté que j'ai choisie pour me confier, vous pourrez me soutenir dans ma tentative de m'en sortir.
est-ce que quelqu'un ici a vécu ça ? ça m'intéresserait d'entendre vos histoires, est-ce que vous avez réussi et est-ce que vous pensez que sur le long terme, ça a rendu votre vie plus facile ?
merci d'avance.

1. *CP* (*Child Pornography*) : « pédopornographie ».
2. AA : Alcooliques anonymes. Un triste clin d'œil, qui illustre bien la lucidité de l'auteur du message.

Les membres inscrits ont rempli leur profil, avec leurs préférences de sexe et âge, par exemple : « filles de 3 ans et plus, garçons entre 9 et 11 ans »…

Voici la réponse de l'un d'entre eux :

> [LikeFatherLikeSon][1]
> L'expérience de Kitkat correspond exactement à la mienne, et à celle de beaucoup d'amis. C'est un cycle qui est extrêmement dur à briser. J'en sais quelque chose, je fais ça depuis 25 ans.
> La suppression de la plupart des sites majeurs sur TOR dans les dernières années a aidé. Mais on est tous assez malins pour trouver d'autres sites, d'autres options.
> Mon seul espoir, c'est qu'il y ait une solution médicamenteuse. Il y a eu quelques infos sur des types qui se sont débarrassés d'une addiction au porno avec des médicaments, mais je ne sais pas s'il y a eu de vraies études scientifiques – est-ce que quelqu'un d'autre est au courant ?

POUR MÉMOIRE

Le choix des mots est important, alors qu'on peut tout amalgamer sous le terme « pédo ». Il faut distinguer :

- la pédosexualité, qui par sa neutralité tend à banaliser, normaliser, effacer la gravité de la chose ;
- la pédocriminalité, qui a l'avantage de faire sortir

1. *LikeFatherLikeSon* : « Tel père, tel fils. »

de la complaisance des décennies passées[1] mais ne concerne – par définition – que les infractions à la loi ;

– la pédophilie, qui caractérise une inclination et peut s'appliquer lorsqu'il n'y a pas (les pessimistes diront : « pas encore ») de passage à l'acte ;
– la pédopornographie, punie par la loi, mais qui peut facilement faire oublier que derrière « de simples images », comme on l'entend parfois, il y a eu des enfants agressés, torturés, traumatisés ou pervertis.

En fait, ce n'est pas plus simple de dire « pédo » : c'est juste plus rapide.

Car la réalité est complexe.

« Petit à petit l'idée fait son chemin qu'il faut traiter médicalement et psychologiquement les agresseurs, certes pour prévenir de nouveaux passages à l'acte, mais aussi parce que certains sont et se vivent réellement comme malades[2] », assure Jean-Pierre Rosenczveig.

« Certains ».
Pas tous.
Pas la majorité.
Pas même un sur deux, ou même un sur dix.
Juste certains.

1. Fiona Moghaddam, « Pédocriminalité : ce que disent les lois depuis 1810 », sur franceculture.fr, 2 janvier 2020, consulté sur https://www.franceculture.fr/droit-justice/pedocriminalite-ce-que-disent-les-lois-depuis-1810.

2. Jean-Pierre Rosenczveig, « 12 (vieilles) propositions concernant les violences sexuelles à enfant », sur son blog « Droits des enfants. Analyser la société à travers le prisme des droits de l'enfant », 28 décembre 2020, https://www.lemonde.fr/blog/jprosen/.

45

Don't feed the youtubeurs !

Comment des adolescents de 15 ans, 13 ans, voire 10 ans se retrouvent dans le Darkweb ? Pour ces jeunes, biberonnés à Internet, télécharger Tor Browser et se retrouver à se balader dans les moindres recoins de Tor est déconcertant de facilité. Mais ces jeunes, qu'est-ce qui les y a attirés ?

Lors de requêtes sur le Darknet formulées sur les moteurs de recherche généralistes comme Google, Lilo ou Ecosia, la majorité des résultats sont des vidéos YouTube, diffusées sur des chaînes YouTube, animées par des youtubeurs à peine plus âgés que leur public. Nombre d'entre eux se sont autoproclamés « experts du Dark », souvent sans réelles connaissances en la matière. Ils usent et abusent de séquences soigneusement mises en scène et sonorisées, car la qualité des vidéos fera la différence avec les concurrents. Ils proposent à leur public une vision complètement tronquée et trompeuse du sujet, exploitant à fond le filon sensationnaliste et terrifiant.

Et – c'est en général visible dès la lecture du titre – beaucoup de ces vidéos sont clairement *putaclic*. L'expression n'est pas élégante, concédons-le. Mais la stratégie commerciale qui est derrière, non plus[1] !

---

1. Putaclic (ou « pute à clic ») : néologisme, vulgaire à dessein, utilisé pour qualifier un titre (et souvent un contenu) racoleur, destiné à attirer

Et elle a toutes les chances de fonctionner, car ce qui attire ces adolescents, c'est bien sûr l'idée de jouer à se faire peur par l'évocation des pires horreurs. En témoigne ce commentaire posté sous une de ces vidéos racoleuses consacrées au Darknet : « c la partie d'internet ou tu peux acheter des armes des drogues engager des tueurs à gages des voleurs professionnel. y'a aussi des recettes de cannibales et autre truc du genre. » On peut imaginer que son auteur, sous pseudonyme, est encore à l'âge du collège.

POUR MÉMOIRE

On estime qu'en France environ 90 % des adolescents âgés de 10 ans ont un ordinateur connecté à Internet dans leur chambre ou un smartphone ; et souvent les deux. Et, surtout, ces appareils ne sont pas systématiquement équipés d'un dispositif de contrôle parental, et il n'y a pas toujours d'échange direct – régulier, sérieux et informé mais bienveillant – entre l'adulte et l'enfant, ou le jeune, à propos de ses activités sur les réseaux.

Là est la nocivité de certains de ces contenus YouTube : après que les internautes ont été drainés vers les vidéos – pour un gain financier ou de notoriété –, les plus crédules ou les plus fragiles se précipitent (ou sont précipités...) vers le Darkweb et ses contenus les plus sordides, par attrait du danger et de l'interdit.

Le terme anglais *clickbait* (« piège-à-clic ») prend alors tout

---

un maximum de lecteurs ou de visiteurs, notamment pour des médias *monétisés* (apportant une rémunération) comme le sont certains blogs ainsi qu'une bonne part des vidéos YouTube.

son sens : ces vidéos piègent leurs spectateurs, entraînés par les commentaires les uns des autres, à la manière d'un mini-forum.

C'est alors qu'ils seront confrontés – avec parfois des réactions traumatiques ou, au contraire, une forme de désinhibition et d'incitation au passage à l'acte – à la pornographie extrême, la violence, la torture, le terrorisme, la pédocriminalité.

Ne vous laissez pas abuser ; ne laissez pas vos ados se faire piéger.

46

Dossier Top Secret

Pour retrouver un peu de légèreté, nous partons vagabonder, nez au vent, sur les *Pages perso* de *The Under Directory*, ou *UnderDir*. C'est Pierre qui a eu l'idée d'une excursion sur ce portail, très éclectique, et d'y choisir la fonction *random page*, « une page au hasard ».

Et ce jour-là, le hasard fait bien les choses puisqu'il nous conduit sur la *Michael's Top Secret Page* ! Sur le site, il n'y a que cette grille, rien d'autre…

Pierre identifie tout de suite le langage hexadécimal du deuxième bloc. Copié dans un traducteur automatique, ce bloc est composé de caractères en hindi… mais utilisés dans un langage chiffré.

Les symboles du premier bloc, passés au même traducteur, s'avèrent être des faces de dés, qui composent probablement aussi un message chiffré.

Nous tentons de percer le mystère, mais sans mener d'opération de déchiffrement.

Deux méthodes, un même résultat !

Pierre, en bon geek, va directement sur le code-source de la page et y trouve une URL. Abigaelle utilise l'affichage à 200 % pour lire les quelques mots en gris très foncé sur fond noir situés entre les deux blocs : *My Clearnet Site*, qui est un lien cliquable.

Figure 46. Page *Top Secret*.

Ce site internet, *www.mscharrer.net*, est donc accessible à tous. C'est celui de Michael Scharrer, artiste contemporain, qui y présente une trentaine d'œuvres numériques, exemples de ce qu'on nomme l'« art algorithmique », qui utilise les fonctions de calcul des ordinateurs. N'hésitez pas à y faire un tour pour découvrir *Nuclear Containment* (« Confinement nucléaire »), *Strange Crystal*, *Liquid Fire*. Les œuvres animées – *Whirlpool* (« Tourbillon »), *Contact with another Dimension*, *Möbius* – sont quasi hypnotiques.

Le Darknet aurait pu ici être utilisé comme un outil publicitaire pour drainer un nouveau public. Mais la page ne figurant pas dans les répertoires de liens ni au sein d'un portail, les chances de tomber dessus sont infimes. Donc ? Hommage souriant à la nature même du Darknet : le chiffrement. Pur jeu de l'esprit, gratuit et inutile…

Une dernière halte bienvenue, avant d'attaquer la partie la plus éprouvante de notre périple.

PARTIE VII

ENFANTS EN DANGER

Dans ce qui va suivre, certaines descriptions ou formulations peuvent heurter. Elles peuvent aussi être interprétées comme relevant d'un voyeurisme inutile et désespérant.

Nous pensons – au contraire – que c'est ainsi qu'on informe le mieux de l'étendue et de la gravité des faits, notamment au sein du milieu familial, associatif ou institutionnel. Une information par la confrontation avec un aperçu, même s'il est filtré, de la réalité crue bien plus que par des discours édulcorés.

Et nous avons l'espoir que nos lecteurs, sensibilisés au problème, pourront peut-être déceler à temps une situation de danger concernant un enfant de leur entourage et faire intervenir les autorités judiciaires.

Parallèlement, rien ne pourra empêcher un pédophile – pédocriminel en puissance ou avéré – de venir explorer ces pages pour s'y délecter. Nous ne pouvons que conseiller à ceux-là de consulter et de se faire aider. Et leur rappeler au passage qu'il n'y a pas d'invisibilité absolue sur le Darknet ni d'impunité garantie : les forces de l'ordre, nationales ou internationales, investissent de plus en plus le terrain…

47

Poupées en vue

– Tu vois, c'est bizarre, mais ce forum des *Pédophiles conservateurs* m'a comme apaisée. Avec un peu plus d'espoir en la nature humaine qu'avant.

– C'est un simple forum de discussion, facilement accessible car répertorié sur plusieurs portails. Pas besoin d'être coopté, on peut même venir y discuter en statut « invité », sans s'enregistrer. Les vrais réseaux pédophiles sont beaucoup plus mystérieux, cachés et structurés. Ils conditionnent notamment l'accès au forum à la mise en ligne de vidéos *home made*, « faites maison ».

– On avait raconté ça dans la chronique « Montrer patte blanche[1] ».

– Oui. L'objectif est de limiter les risques d'infiltration par les forces de l'ordre, mais aussi de cultiver leurs fantasmes tout en faisant de l'argent. Ce qui les intéresse, c'est de récupérer du « matériel » pour ensuite proposer à leurs clients des contenus inédits (la mention *new and fresh* qu'on voit sur les sites). Ce sont de vrais criminels, qui cherchent à tout prix à échapper à la police et à la justice. Cela ne marche pas toujours...

1. *Cyber crimes*, *op. cit.*, chap. 42.

Il est particulièrement difficile pour les forces de l'ordre d'infiltrer des réseaux de ce type. Mais j'ai eu la chance d'arrêter un membre actif d'un de ces groupes.

Membre d'un réseau pédocriminel international, Jack souhaitait créer une antenne locale, une communauté 100 % française. Son mentor au sein du réseau initial lui avait fourni outils et « bonnes pratiques » pour échapper aux forces de police, mais Jack était négligent et oubliait régulièrement les conseils de prudence. Alors qu'il diffusait en France, nous avons pu l'identifier. Son arrestation a permis de récupérer l'intégralité de son matériel, sans qu'il puisse effacer les données de ses supports informatiques.

C'est là que j'ai découvert des tutos[1] *de fabrication de « poupées sexuelles réalistes » en silicone pour un toucher plus naturel, parfaitement fonctionnelles, mais au format « enfant » ou « bébé »…*

Pour les modèles de taille enfant, il était suggéré deux produits de base, avant d'y adapter un masturbateur pour hommes : soit une poupée grand modèle achetée au rayon jouets, soit un mannequin souple représentant un enfant grandeur nature (habituellement vendu comme éléments de décoration ou comme substitut affectif). Les modèles nourrisson étaient quant à eux à base de poupons, notamment de reborn.

POUR MÉMOIRE

Reborn est intraduisible littéralement (« re-né ») ; on pourrait dire « semblable à un nouveau-né ».

Ces poupons hyperréalistes sont le plus souvent réalisés de façon artisanale par des *reborneuses*. Les modèles les plus prisés sont en vinyle-silicone pour allier le tou-

1. Tuto : en langage courant, vidéo détaillant pas à pas les étapes d'une activité technique ou de loisir (tuto maquillage, tuto plomberie et même tuto d'accès au Darknet…).

cher naturel du silicone et la solidité du vinyle permettant de les manipuler sans risquer de les abîmer. Ils sont peints à la main pour un rendu visuel réaliste et lestés entre 1,5 kg et 2,5 kg pour une sensation de poids plus crédible. Ils sont aussi articulés de façon à pouvoir reproduire tout type de position.

Les *reborns* sont couramment utilisés dans un objectif thérapeutique pour des personnes atteintes d'Alzheimer (ils les apaisent et contribuent à les resocialiser ainsi qu'à raviver en eux des souvenirs anciens) ou pour des personnes en mal d'enfant. Mais ces poupons, « anatomiquement corrects » comme le précisent les descriptifs, sont absolument infects lorsqu'ils ont été customisés…

Un autre procédé détaillé sur le Darknet consiste, non pas à « sexualiser » une poupée d'aspect enfantin, mais à assigner un usage pédophile à une poupée sexuelle adulte de 100 cm de haut (la taille réduite en faciliterait la manipulation et le rangement…), vendues de 500 à 1 500 euros. Il ne reste plus qu'à en modifier l'aspect en faisant disparaître les seins par des techniques simples de dissimulation ; « tous les orifices sont opérationnels » et leurs dimensions sont même précisées dans la fiche produit…

Les deux techniques exposées reposent sur des allers-retours entre le Darknet – pour le concept de transformation et les conseils de fabrication – et Internet – pour l'achat des matières premières.

POUR MÉMOIRE

Les *child sex dolls* (« poupées sexuelles enfantines ») sont une bonne illustration de l'articulation Darknet/Internet et de la perméabilité qui existe entre les deux :

bon nombre d'individus naviguent régulièrement de l'un à l'autre, en fonction de leurs opportunités et besoins. Loin, très loin de l'idée habituelle d'une frontière étanche entre deux mondes complètement étrangers l'un à l'autre.

Le Darknet n'est pas un territoire complètement *autre*, mais un accélérateur, un facilitateur, une caisse de résonance des travers, des crimes et délits, des commerces illicites qui préexistaient – et continuent d'exister – dans le monde physique comme sur Internet.

Il arrive par exemple que le même produit ou type de produit – livre, arme ou médicament – soit en vente parallèlement sur Internet et sur le Darknet. Les ventes faites sur les réseaux cachés fluctuent au gré des législations nationales et des contrôles effectués par les autorités du pays d'expédition ou du pays de réception. Ainsi, la vente d'armes à feu étant beaucoup plus encadrée en France qu'aux États-Unis, il n'est pas possible d'en commander sur Internet, et le Darknet sert de substitut.

Au cœur de l'été 2020, éclate un scandale[1] : on découvre sur le site d'Amazon France des « poupées sexuelles réalistes pour masturbation » à l'effigie d'enfants ; l'acheteur pouvait aussi définir des options de personnalisation, comme « le type vaginal »... Alerté par plusieurs associations de lutte contre la pédocriminalité, le secrétaire d'État à l'Enfance et aux Familles, Adrien Taquet, a demandé à Amazon France de « mettre fin à la commercialisation sur sa plateforme de

1. Marion Simon-Rainaud, sur *01net*, 17 août 2020, mis à jour le 18 août 2020, consulté sur https://www.01net.com/actualites/amazon-france-retire-de-son-catalogue-des-poupees-sexuelles-a-l-effigie-d-enfants-1965034.html.

poupées sexuelles à l'effigie d'enfants[1] ». Les pages proposant depuis novembre 2019 une trentaine de modèles – entre 5 ans et 10 ans d'âge apparent – ont finalement été supprimées.

Au Canada et en Australie, leur vente est illégale. Au Royaume-Uni, l'achat en est illégal, mais pas la possession.

Ces poupées restent toutefois en vente sur des sites chinois à l'audience mondiale (avec les quatre petits stickers aux endroits stratégiques, seins compris ; pudeur de pure forme...).

Aux États-Unis, leur vente reste légale, sauf dans trois États (Floride, Tennessee, Kentucky). Ces interdictions vont probablement se multiplier avec la pétition demandant que soit votée une loi fédérale. Cette pétition a été lancée suite à la découverte d'une poupée sexuelle enfantine, réplique exacte dans sa posture, sa coiffure et son environnement (mais pas dans les traits du visage) de la photo trouvée sur Internet d'une petite fille réelle[2]. Les implications font froid dans le dos : ces poupées pouvant déjà être personnalisées, rien n'empêche en théorie de commander la réplique exacte, visage compris, d'un enfant de son entourage...

On le voit, certains pays s'interrogent sur la légalité de ces poupées sexuelles ou bien ont déjà légiféré en ce sens. L'argumentation repose sur l'effet ultime de leur utilisation.

Ces poupées permettent-elles de canaliser des fantasmes pédophiles sur des objets plutôt que sur des enfants, ou alors vont-elles nourrir ces fantasmes au risque de favoriser le passage à l'acte ? En d'autres termes, est-ce qu'elles favorisent la pédocriminalité ou au contraire est-ce qu'elles la limitent ?

---

1. *Charente libre*, 17 août 2020, https://www.charentelibre.fr/2020/08/17/des-poupees-sexuelles-a-l-effigie-d-enfants-toujours-en-vente-sur-amazon-malgre-l-annonce-du-retrait,3633545.php.

2. « A Mother's Story: Daughter's Photo Stolen & Likeness Turned into a Child Sex Doll », consulté sur https://childrescuecoalition.org/educations/child-sex-doll/.

« Ainsi, Michael Seto de l'université de Toronto propose deux catégories distinctes chez les pédophiles : un peu comme pour le traitement de méthadone chez les toxicomanes consommant des opioïdes, il y aurait d'un côté ceux qui parviendraient à contrôler leurs pulsions en satisfaisant leurs fantasmes avec de la pédopornographie fictive, de l'autre ceux chez qui ces substituts aggraveraient au contraire la frustration[1]. » Cette question est au cœur des débats que ces poupées suscitent en France et à l'étranger.

Mais toute légifération dans le monde réel ne fait que déplacer le problème des produits illicites pour le faire tomber dans l'escarcelle des marchands du Darknet. C'était le cas depuis longtemps pour les armes ou les stupéfiants. Pour les poupées sexuelles, c'est aussi chose faite, désormais :

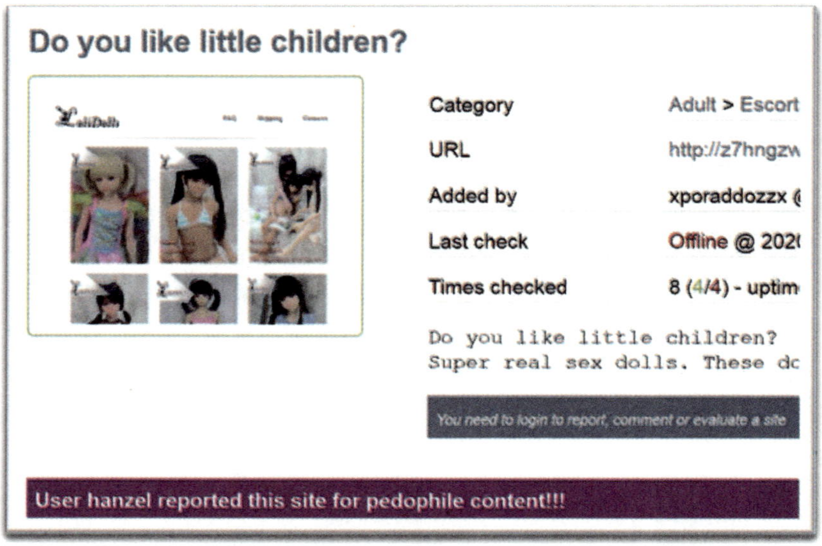

Figure 43 – Poupées sexuelles enfantines.

1. https://www.ruben-associes.com/presse/poupees-sexuelle-d-enfants-outil-de-lutte-ou-d-incitation-a-la-pedophilie/.

Le nom du produit est ignoble : « Vous aimez les petits enfants ? » On peut néanmoins noter que cette annonce a été signalée aux administrateurs du site par un visiteur pour « contenu pédophile ».

Au Japon, sont commercialisés depuis longtemps des robots-enfants. « Ainsi, l'entreprise Trottla produit des poupées représentant des écolières depuis plus de dix ans. Son PDG, Shin Takagi, avoue lui-même être pédophile. Un argument de vente pour celui qui se réjouit de n'avoir jamais succombé à ses désirs sexuels “dans la vraie vie” grâce à sa poupée grandeur nature[1]. »

La prochaine étape n'est probablement pas très loin : l'émergence – puis la démocratisation – de robots sexuels dotés d'une véritable intelligence artificielle ne fera que relancer le débat lorsque des modèles enfantins seront commercialisés.

Car la pédocriminalité, c'est – aussi – un marché. Et un marché florissant.

1. *Ibid.*

48

L'enfance est une marchandise comme les autres

Dans le Darknet, tout s'achète et tout se vend.

Et nous constatons avec dégoût que le processus de commercialisation des images pédopornographiques use des mêmes ficelles que pour des produits de consommation courante : des slogans racoleurs, une mise en avant de la qualité supposée, des offres de fidélisation.

Les descriptifs des vidéos se calent sur les attentes des consommateurs :

« À 12 ans, elle fait tout comme une adulte. » « Si petite et déjà beaucoup d'expérience. » Avec un choix de termes qui ravale l'enfant au rang de marchandise : « Pas d'acteurs ! Toujours de la nouveauté et du frais ! » Et l'accent mis sur la qualité technique des produits, ici le niveau de résolution de l'image. 720p, c'est un peu léger ; mais ça colle bien pour les vidéos amateurs. Les autres, les pros, sont estampillés *HQ* : *High quality*.

Les faux-semblants et le cynisme affichés en page d'accueil sont sans limites :

Nous n'avons pas de *hurdcore*[1], Morts et autres abominations. Nous avons [juste] rassemblé une très grande collection d'animaux et d'enfants.

Nous sommes fiers de vous accueillir sur notre portail porno. Vous trouverez ici d'intéressantes vidéos pornos sur des sujets variés ainsi que des photos. Toutes les vidéos sont à des fins purement éducatives. Nous vous souhaitons un agréable visionnage et de nouvelles émotions.

>

Certains poussent leur professionnalisme de façade jusqu'à avertir leurs clients des risques encourus, dans un système qui n'est pourtant pas soumis aux obligations légales de protection du consommateur :

Les éléments que vous verrez sur ce site peuvent affecter votre psyché.
Dans certains pays, ces contenus sont interdits.

>

L'aspect financier n'échappe pas à cette banalisation de l'offre de contenus pédopornographiques. Voici un exemple, parmi des milliers d'autres, des choix d'abonnement couramment proposés :

1. *Hurdcore* : jeu de mots entre *hardcore* (pornographie très explicite) et *hurt* (blesser). Catégorie de pornographie extrêmement violente.

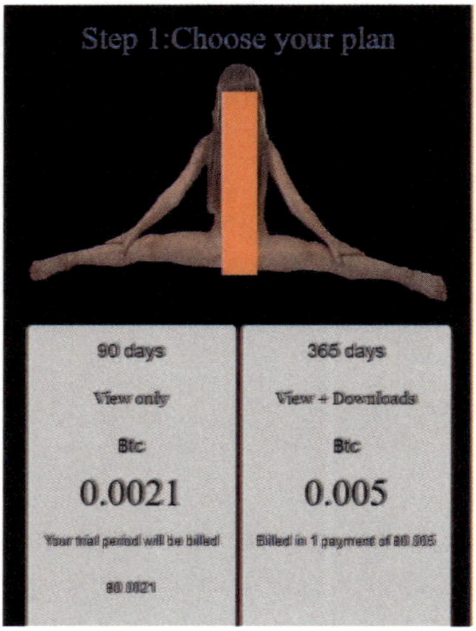

Figure 48 – Page d'abonnement d'un site pédopornographique.
N.B. : le rectangle de masquage ne figure pas sur le site.

Soit, au cours du bitcoin au moment de la copie-écran (octobre 2020) :

- environ 17 euros pour 3 mois, pour le seul visionnage ;
- environ 40 euros pour 1 an, visionnage et téléchargements inclus.

Il apparaît immédiatement qu'il est nettement plus avantageux de prendre l'abonnement à l'année, avec une ristourne de 40 %. C'est une technique commerciale de base pour rendre le client captif.

Mais ici, la marchandise a 12 ans. Ou 6 mois. Ou 4 ans. La « camelote » s'appelle Lola. Ou Bayani. Ou John. Ou Kim. Peu importe, ils sont tous interchangeables… Du moment qu'ils rapportent.

Que cela finisse bien ou mal pour ces enfants.

49

Trahison

Il n'y a jamais d'affaire pédocriminelle qui « se finisse bien ». Elles se finissent, parfois, c'est tout. L'histoire de Lili, par exemple…

10 h 30 : je reçois un message sur Telegram[1]. *Éric, un policier que j'ai formé comme cyberflic mais qui travaille dans une autre région, veut me contacter d'urgence. C'est un enquêteur particulièrement compétent et acharné, qui passe la majeure partie de son temps libre à traquer les pédocriminels sur les forums du Darkweb. On démarre un appel en visio. Il a le teint blême, les traits tirés, il semble épuisé.*

Le processus de recrutement du forum qu'il a en ligne de mire impose, pour avoir accès aux contenus les plus hard, de fournir des vidéos récentes avec des mineurs pour prouver qu'on est vraiment un pédophile. Sous le pseudo de Kevin, un candidat vient de poster une vidéo d'une petite fille de 6-7 ans, en train de dormir dans son lit. On voit une main soulever le drap pour qu'il puisse zoomer sur la fillette en culotte. Il la caresse longuement au niveau des parties génitales, sans qu'elle se réveille. Il finit par lui enlever sa culotte et filme en gros

1. Pour mémoire, *Telegram* est une messagerie cryptée, permettant des échanges sécurisés.

plan. La vidéo se termine au moment où l'homme sort de la chambre de l'enfant.

Éric poursuit :

– La vidéo est géolocalisée sur Nice. Et elle a été tournée hier soir ! Je t'envoie tous les éléments techniques que j'ai pu récupérer. Mais je ne peux pas faire mieux.

– Attends, c'est pas assez ce que tu m'envoies, pour identifier un pédo ! Il faut continuer à le surveiller et le remonter[1].

Éric secoue la tête, désespéré :

– On n'a pas le temps ! Cette nuit, l'administrateur du site lui a demandé de pénétrer la gamine sur la prochaine vidéo. Et cet enfoiré a répondu qu'il le fera cet après-midi quand la mère de la petite partira travailler !

J'accuse le choc.

– Merde !

– Vas-y, tu peux le faire ! Trouve-le ! Ne le laisse pas la violer !

J'ai l'estomac noué en raccrochant.

11 heures : je commence l'examen des éléments fournis par Éric. J'identifie quelques pièces du puzzle. Kevin se connecte avec une clé USB Linux bootable[2], c'est évident au vu de l'empreinte qu'il laisse sur le serveur où est hébergé le forum. Une connexion sur un nœud Tor. C'est mince… Et surtout, je n'ai pas le temps. Reste la géolocalisation.

12 heures : je récupère mon matériel et une antenne wifi directionnelle et on fonce sur place avec mon équipe. Un immeuble. Plusieurs entrées. 80 logements.

Je fais à mes deux collègues un topo des maigres informations

1. Remonter : effectuer les investigations numériques nécessaires afin d'identifier l'auteur des faits.

2. Clé USB bootable : clé USB dite « de démarrage ». Ici, utilisée pour se rendre sur Tor sans laisser de traces sur l'ordinateur utilisé pour se connecter.

dont je dispose. Autant chercher une aiguille dans une botte de foin. On fait malgré tout des recherches sur les accès wifi du secteur. On passe tous les noms des boîtes aux lettres dans nos fichiers au cas où quelqu'un serait déjà connu au Fijais[1]. *Rien !*

Le temps passe horriblement vite.

13 heures : notre dernière chance est d'arriver à intercepter la femme qui doit partir au travail. On se sépare pour couvrir toutes les entrées. On surveille, on contrôle, on interroge.

14 heures : la chance nous sourit enfin. Une femme sort de l'immeuble, d'un pas rapide. Je me présente. Mélina est pressée et n'a pas vraiment envie de taper la causette avec un policier. Elle me regarde, interloquée, mais répond à mes questions. Oui, elle a bien une fille de 6 ans et demi, Lili. Elle est à la maison, avec son grand frère de 22 ans qui la garde. Yohan fait des études en informatique à la fac, mais travaille beaucoup à la maison. Ça l'arrange, elle travaille parfois jusqu'à minuit. Elle vit seule avec ses enfants depuis le départ de son mari. Oui, son fils a toujours une clé USB dans sa poche. Pour son travail. Je lui montre le logo de Tor. Oui, elle l'a déjà vu. Ce nom de Kevin lui dit quelque chose : c'est le pseudo de Yohan pour ses jeux.

Mélina commence à s'affoler. J'essaie de lui expliquer que son fils a fait quelque chose d'illégal et qu'on doit l'interpeller. Elle veut lui parler avant.

Impossible. Je lui prends son téléphone pour éviter qu'elle alerte son fils. Je la laisse juste appeler son employeur pour qu'elle puisse l'avertir de son absence.

Déjà 40 minutes qu'on est en discussion. Sur son téléphone, un texto arrive : « Bien arrivée au boulot ? Je couche Lili pour sa sieste. Plein de bisous, Mamoune ! » Je lui montre le message.

1. Fijais : Fichier judiciaire automatisé des auteurs d'infractions sexuelles ou violentes.

– Oui, il me demande souvent où je suis, ce que je fais. Il est très protecteur, vous savez. Je réponds toujours et je lui dis où je suis et quand je rentre pour qu'il ne s'inquiète pas.

– Répondez que vous êtes au boulot et que vous rentrerez tard. Vous allez nous accompagner, mais vous resterez derrière nous.

On grimpe jusqu'à l'entrée de l'appartement. Pas de bruit.

Il faut qu'on le maîtrise avant qu'il se débarrasse de sa clé USB ou qu'il passe à l'acte. J'ouvre doucement la porte d'entrée de l'appartement avec la clé de Mélina à qui j'ai dit d'attendre dehors. Nous rentrons en silence.

L'endroit semble vide. Personne dans le salon. La chambre de la maman est ouverte, elle est vide. Celle de Yohan aussi. La porte de la chambre de Lili est fermée. Je colle mon oreille à la porte et j'entends des voix étouffées.

On ouvre brusquement la porte.

La scène est glaçante. Yohan est en pleine érection, à quelques centimètres du visage de sa petite sœur, et filme la scène avec son téléphone. Je hurle : « Lâche-la ! », tout en le braquant avec mon arme. Lili se met à hurler. Yohan lève les mains, le pénis à l'air, sans lâcher son téléphone qui continue d'enregistrer. Mélina surgit, alertée par les hurlements de sa fille, et se précipite vers elle. Ce regard vers son fils… Je ne l'oublierai jamais.

Yohan reconnaîtra partiellement les faits : utilisation de Tor pour aller sur les réseaux pédocriminels et tentative d'agression sexuelle. Nous avions retrouvé sur sa clé USB un répertoire crypté avec des dizaines de vidéos pédos qu'il avait téléchargées dans le Darkweb.

Pour lui, ce sera 4 ans de prison.

Le soir de l'interpellation j'ai rappelé Éric, pour le remercier et le féliciter. C'est grâce à son travail de veille et à son engagement qu'on avait pu empêcher le pire.

Mélina, elle, n'a jamais pardonné, n'a jamais voulu revoir son fils. Lili a suivi une psychothérapie. Elle va bien.

Mais le regard de haine de cette mère, ce regard lancé au monstre qu'elle avait engendré, continue de me hanter.

Je reste pensive et m'interroge sur les conséquences de tels actes. Sur les victimes, bien sûr, mais aussi sur leurs proches. Je suis persuadée que les blessures sont plus profondes, et plus durables, lorsqu'à l'agression s'ajoute la trahison… et la culpabilité de ne pas avoir vu, de ne pas avoir su.

Encore faut-il admettre cette vérité dérangeante au possible : les atteintes sexuelles sur mineur sont rarement le fait d'un parfait inconnu et beaucoup plus souvent l'acte d'un prédateur évoluant incognito au sein du milieu associatif ou institutionnel mais aussi et surtout dans le secret des familles.

50

Mon père, ma mère, mes frères et mes sœurs

Quand, au hasard d'une visite sur un portail consacré à la pédocriminalité, je tombe sur des titres à ce point explicites, je suis désemparée : *Fucking Dad* ; et ses comparses, *Dad fuck, Daddy I love you…*

Sous-titre : « *Incest is very common.* » Oui, pour quelques-uns, dans le Darknet, l'inceste, c'est même très commun…

Car c'est bien la pédophilie incestueuse qui caracole en tête des sites dédiés, alors que l'inceste se déroule le plus souvent sous le sceau du silence et du secret.

C'est peut-être cela, le plus étonnant : la diffusion, la mise à disposition de tout ce contenu abject et compromettant. Comme si la transgression du tabou de l'acte se doublait d'un mépris du secret qui l'a accompagnée durant des siècles[1].

Nous avons donc une vidéo de présentation de 43 secondes. D'abord, la pénétration – très soft – d'une ado de 16 ans.

1. Angélique Veillard, *L'Interdit universel. Du mythe à la réalité, l'inceste dans tous ses états*, Persée, 2013.

POUR MÉMOIRE

« Très soft » ? Signal d'alerte...

Quand on a l'obligation de travailler dans le monde de la pédocriminalité, il faut rester très attentif à son échelle de sensibilité, qui peut très rapidement dégringoler d'un, de deux, voire dix, étages.

Après des années de visionnage de photos et vidéos pour établir les preuves et monter un dossier solide à présenter à la justice (des heures de visionnage parfois, pour une seule affaire...), le curseur qui va du choquant au sordide, du sordide à l'abject, régresse inexorablement.

Il est difficile de rester vigilant et de garder son indignation intacte...

Viennent ensuite plusieurs binômes pour des scènes de masturbation masculine. Soit c'est la petite qui s'y emploie ; soit c'est son père. Les fillettes semblent avoir entre 5 et 12 ans.

La dernière de la série me frappe : elle garde obstinément les lèvres serrées, pincées. Puis elle a un mouvement net de recul de la tête, juste à la fin de l'extrait.

Une section « Rétro – 70 et 80 ». Des photos en noir et blanc. C'est (plus) soft. C'est *vintage*.

Mais, que ce soit en couleur ou en N&B, ça reste des pénétrations, des fellations, des masturbations. Et on recommence.

Une image me touche et m'attriste profondément : dans un jardin, une enfant masturbe de la main gauche un homme, debout à côté d'elle. De sa main droite, elle tient sa poupée...

Une série de photos d'ébats de couples. 16 mini-vignettes chacun, pour annoncer la vidéo. *Miranda and Leo*, *Emma and Thomas*, *Melania and Aaron*. Et beaucoup d'autres. Ils ont un nom, ils sont à visage découvert. Ils se ressemblent, deux à deux. L'une est toujours jeune, l'autre jamais.

Sur un de ces sites, l'administrateur précise qu'il s'agit d'une collection couvrant la période 1985 à 2019.

1985... Les gosses qui avaient 5 ou 10 ans à l'époque en ont à présent 40 à 45. Que sont-ils devenus ? Ont-ils pu retrouver le cours d'une vie riche et sereine, d'une vie tout simplement normale, d'une sexualité épanouissante et respectueuse, de l'autre comme de soi ?

Pierre vient jeter un coup d'œil. Un de ces binômes incestueux lui est familier. Il a vu d'autres vidéos, beaucoup plus récentes, toujours incestueuses, mais où l'enfant d'alors est à présent une jeune femme, visiblement majeure.

La plupart des affaires de pédocriminalité qu'il a eues à traiter lui ont montré que les victimes en sortent rarement indemnes à l'âge adulte : les atteintes peuvent s'exprimer non seulement par des comportements de retrait (repli sur soi, refus de la sexualité, dépression, suicide), mais aussi par des conduites addictives (drogue, alcool, hypersexualité) et, plus rarement, consommation pédopornographique, voire passage à l'acte.

Le passage à l'acte, elles connaissent, celles-ci.

Handjob, comme on dit.

Deux petites blondes aux cheveux longs qui masturbent un homme.

Filmé en caméra subjective : la fameuse mention *POV* – pour *point of view* – qu'on trouve dans certains descriptifs, du bien formaté, prêt à l'emploi...

La plus grande fixe l'acteur-réalisateur-caméraman-diffuseur. Un regard vide.

La plus jeune a déjà mis sa chemise de nuit.

Elle a un petit sourire, les lèvres serrées. Elle connaît la fin de l'histoire. C'est la même tous les soirs.

Un père, qui donne la main à sa fille de 7 ans. Quoi de plus normal ?

La petite est très maquillée. Comme si elle se rendait à son gala de danse.

Ils ne sont pas dans la rue pourtant.

La gamine porte de longs gants noirs. Des boucles d'oreilles en strass. Et un superbe ensemble soutien-gorge culotte, rouge avec de la dentelle noire. Et un porte-jarretelles assorti. Un collier de chien. Rouge et noir lui aussi. Tout est assorti.

Sauf le papa. Il est un peu rouge pourtant. Mais, surtout, il est nu.

Titre de la vidéo : *Family BDSM*[1].

Que dit la chanson, déjà ? *Mon père... ma mère...*

Sur les sites que nous traversons, les victimes d'actes incestueux perpétrés par des femmes sont quasiment tous dans l'adolescence.

Par ailleurs, les descriptifs indiquent qu'il s'agit assez souvent de la belle-mère : l'inceste social est jugé plus acceptable que l'inceste génétique. C'est ce que les spécialistes nomment l'inceste « de deuxième type » : non pas entre consanguins mais entre alliés (un homme couchant avec deux sœurs, une femme avec le fils de son compagnon, un homme avec l'épouse de son fils[2]).

---

1. BDSM pour Bondage (usage de liens et entraves) et discipline, Domination et soumission, Sado-Masochisme : pratiques sexuelles contractuelles (consenties et codifiées), fondées sur la soumission, la douleur, l'humiliation.

2. Agnès Fine, « Retour critique sur l'inceste de deuxième type », in *L'Homme*, 2013, n° 205, mis en ligne le 6 mars 2015 ; http://journals.openedition.org/lhomme/24424.

POUR MÉMOIRE

Les faits de pédocriminalité existent chez les femmes. Mais leur représentation et la diffusion de cette représentation sont extrêmement rares.

Peut-être là encore en raison de la loi de l'offre et de la demande : la pédopornographie est, comme toutes les pornographies, utilitaire. Le consommateur-spectateur doit pouvoir s'identifier à celui des protagonistes qui prend l'initiative de l'acte et en retire du plaisir.

Toutes les configurations sont présentées dans les quelques sites qui ont une rubrique spécifique. Du presque anodin, du moins en apparence, jusqu'à l'inimaginable…

Une mère qui initie son fils.

Une belle-mère qui initie sa belle-fille.

Une mère qui initie ses deux fils.

Une belle-mère qui initie… on ne sait plus qui !

Une femme, aux seins lourds, en jean et soutien-gorge sexy.

Une fillette d'une dizaine d'années, nue.

Elle a sorti le sein maternel du soutien-gorge.

Elle le pétrit.

Elles s'embrassent.

Pédophilie.

Et inceste.

Les mêmes.

La grande a enlevé son pantalon ; la petite a remis sa culotte.

Ah, non : ce n'est pas une culotte. Voici le gode-ceinture pour enfant.

La fillette s'apprête à pénétrer sa mère.

Tout bonnement, tout naturellement.
Pédophilie.
Et inceste.

L'inimaginable, disions-nous ? Nous étions loin du compte…

N'étant pas autorisé à commenter une affaire non jugée, je ne peux que reprendre tel quel le communiqué du parquet de Saintes, largement diffusé dans la presse en novembre 2018[1] *:*

« Dans le cadre d'une surveillance d'un forum d'échanges dédié à la pédopornographie particulièrement violente sur le Darknet (viols, torture et meurtre d'enfants), un enquêteur spécialisé de la brigade criminelle de répression du banditisme de la DIPJ de Lyon repérait une annonce postée par un individu qui recherchait un homme pour procéder à l'enlèvement, à la séquestration et au viol de sa fille âgée de 9 ans. L'intéressé était rapidement identifié comme étant un détenu incarcéré au centre de détention de Bedenac (Charente-Maritime) et qui purgeait une peine de 10 ans de réclusion criminelle pour avoir commis des viols sur mineurs de 15 ans. »

Le père pédophile aurait contacté l'exécutant « via un forum pédopornographique sur le Darknet », annonçait France-Soir[2].

Quand le père n'agit plus en père, que la mère n'agit plus en mère, les enfants font front, les enfants font bloc. Le plus souvent. Mais ils ne peuvent parfois s'empêcher de reproduire ce qu'ils ont connu, ce qu'ils ont vécu.

---

1. Séverine Joubert, « Pédophilie : le matériel pour séquestrer la fillette acheminé jusqu'à Bordeaux », in *Sud-Ouest*, 16 novembre 2018 ; https://www.sudouest.fr/2018/11/16/pedophilie-le-materiel-pour-sequestrer-la-fillette-achemine-jusqu-a-bordeaux-5572412-1368.php.

2. « Un père pédophile incarcéré recrute un inconnu pour violer sa fille », in *France-Soir*, 14 novembre 2018 ; http://www.francesoir.fr/societe-faits-divers/un-pere-pedophile-incarcere-recrute-un-inconnu-pour-violer-sa-fille.

Il est un inceste qui, en général, paraît moins choquant à ceux qui n'ont pas eu à le subir. Un inceste souvent sans violence ni contrainte : celui entre enfants du même sang et (presque) du même âge. Même si l'on peut s'interroger, là encore, sur la notion de consentement alors qu'il s'agit bien souvent de comportements amorcés, encouragés depuis la prime enfance. Le temps des jeux interdits.

Des adolescents, principalement. Mais pas que…

Une fillette. 8 ans. Son petit frère. 4 ans. Titre de la vidéo : « J'aime mon frère ».

On tord les mots comme on brutalise les êtres.

Pas toujours physiquement.

Pas forcément dans la violence.

Ou alors une violence qui ne fait de bleus qu'à l'âme.

51

Tourisme sexuel

Autres cieux, autres familles.
Toujours la même victime : l'enfant ou l'adolescent.
Traqué.
Ou parqué.
Agressé.
Exhibé comme un trophée.
Immortalisé en clichés de vacances.

Le tourisme sexuel est un fléau. Et le Darknet en est souvent la vitrine et un outil de promotion, par le biais de forums spécialisés ainsi que par l'abondance de galeries photos et vidéo.

Deux extraits parmi tant d'autres, horriblement banals…

Intérieur jour.

Une fillette de type indonésien ou philippin, entièrement nue, à quatre pattes sur un lit. Un homme, de type occidental, la pénètre. Le bras droit en arrière, pour ne pas gâcher les gros plans à venir.

L'auteur de la prise de vue semble braquer de la main gauche une lampe sur la scène, pour mieux l'éclairer.

Le plus incongru : une adolescente, nue, seins à peine formés, assise sur un banc ; elle attend son tour.

C'est bien connu, les enfants sont souples. Et aiment bien avoir la tête en bas. Alors… prenons un bon gros vieux dégueulasse. Ajoutons une petite poupée, 5 ans ou 6 ans. Toute menue. Toute nue aussi. Et jouons à cochon-pendu, pour une petite fellation, tête en bas, tenue par les pieds.

Le vrai cochon n'a pas été pendu…

POUR MÉMOIRE

Le guide *Infraction sexuelle sur mineur : corruption, agression, atteinte sexuelle, viol*[1] récapitule l'ensemble des textes législatifs avec le détail des infractions et les peines encourues, ainsi que les démarches à accomplir – qu'on soit victime ou témoin – et les structures d'aide et de soutien. Il y est notamment précisé : « Une infraction sexuelle sur mineur commise à l'étranger par un Français ou une personne vivant habituellement en France est punissable par la justice française. »

La justice accompagne l'évolution sociétale, parfois en la précédant et même en l'infléchissant ; et parfois en la suivant, avec un temps de retard.

Plusieurs États, comme la Thaïlande – naguère connus pour laisser faire un tourisme sexuel de masse –, prennent des mesures drastiques de contrôle et d'interdiction. La lutte menée depuis les pays occidentaux contre la pédopornographie consommée en Occident peut jouer un rôle par ricochet dans les pays producteurs d'images et pourvoyeurs de victimes. Mais uniquement si elle est

1. Ministère de l'Intérieur, *Infraction sexuelle sur mineur : corruption, agression, atteinte sexuelle, viol* ; https://www.demarches.interieur.gouv.fr/particuliers/infraction-sexuelle-mineur-corruption-agression-atteinte-sexuelle-viol.

menée à grande échelle et en concertation à l'échelle mondiale.

Et il suffit parfois d'une seule affaire médiatisée, c'est-à-dire portée avec force et insistance à la connaissance du grand public, pour que les décisions de justice ouvrent la voie à une modification du droit et de l'action publique.

C'est ce qui est en train de se passer avec les viols commis à distance et, d'une certaine façon, par procuration.

L'affaire qui suit est emblématique de l'amorce d'un nouveau regard porté par le pouvoir judiciaire sur les agressions et crimes sexuels commis à l'étranger par des citoyens français, dans des configurations où victime et agresseur ne se trouvent pas en un même lieu. Elle illustre aussi les liens entre tourisme sexuel et activité dans le Darknet, notamment par la participation à des forums qui servent entre autres à relayer les « bonnes adresses ».

« La police française est remontée jusqu'à cet homme, un pilote, en 2013, grâce à une information du FBI américain. Résidant alors à Singapour, il est "très actif" sur des réseaux et forums pédophiles du Darknet [...] : sur son ordinateur, près de 14 911 photos et 467 vidéos pédopornographiques, dont certaines sont particulièrement violentes. [...]

Sur les comptes du pilote, les enquêteurs ont aussi retrouvé près de 70 virements, [...] à destination des Philippines, entre 2010 et 2014. Des virements qui correspondent, selon l'accusation, à des "shows" pornographiques réalisés par webcam, en direct, une pratique qui a explosé ces dernières années. Le prévenu est le premier, en France, à être poursuivi pour avoir commandé ces "sessions", sur la base de l'infraction de "complicité d'agressions sexuelles". [...]

"Pénétrer, toucher, humilier, peu importe que cela ait été commandé à des milliers de kilomètres. Pour [une fillette] il n'y a pas d'illusion, elle le subit", avait tancé le procureur dans son réquisitoire. Estimant que le pilote était bien "complice par instigation", il avait requis 6 ans de prison ferme avec un mandat de dépôt[1]. »

L'auteur des faits sera condamné à 5 ans de réclusion.

La misère sexuelle, les poches pleines et le cœur vide des uns. La misère tout court et les maisons pleines d'enfants des autres.

Deux mondes qui étaient, hélas, faits pour se rencontrer…

D'autres rencontres arrivent par erreur, par imprudence, par négligence.

1. *La VDN*, par *La Voix du Nord*, 13 janvier 2020 ; https://www.lavoixdunord.fr/694222/article/2020-01-13/pedopornographie-cinq-ans-de-prison-pour-le-pilote-de-ligne-qui-payait-des-shows.

52

Ils étaient 7

C'est ma faute. Je ne me suis pas méfiée. J'étais sur un site classique de pédopornographie dont j'ai oublié le nom, sans doute parce qu'il n'avait rien de particulier, un *preteen-quelquechose*[1].

Ça peut paraître fou cette expression : « un site classique de pédopornographie ». Et pourtant… Un site sans inceste revendiqué, sans violence, sans bébés, sans zoophilie associée, c'est devenu pour moi un site classique… Et d'un coup, cette image qui me saute aux yeux, indécente, choquante.

Une petite fille sous la douche.

Elle a la bouche ouverte, comme font les enfants, pour avaler l'eau qui coule.

Elle est habillée, celle-ci.

Elle a même gardé son petit collier bleu, celui avec le papillon.

Elle se ronge les ongles. Je le sais, parce qu'elle fait un doigt d'honneur.

Elle rit.

---

1. *Preteen* : littéralement « moins de 13 », donc préadolescent ; très couramment utilisé dans les noms de sites ou les titres de photos et vidéos pédopornographiques.

Peut-être à cause de la bonne blague : ce n'est pas du gel douche sur ses cheveux, sur sa figure, sur sa bouche !

Ils sont positionnés en étoile, répartis tout autour de sa tête.

Ça lui fait comme une couronne.

7 sexes masculins en pleine érection.

Comme sur les chèques, je vais l'écrire en toutes lettres, pour que vous compreniez bien : sept, ILS ÉTAIENT SEPT !

C'est Pierre qui raconte la suite :

Abigaelle répète en boucle : « Mais c'est pas possible, c'est pas possible… » Elle me dit qu'elle n'arrive pas à concevoir comment, dans quelles circonstances, dans quel schéma de vie, une petite fille peut se retrouver – hilare, qui plus est – au milieu de sept sales types qui se masturbent au-dessus de son visage. Mais moi, le cyberflic, tout ce que je vois, c'est que la gamine a quand même déjà 9 ou 10 ans ; et qu'il n'y a pas de pénétration, même orale. Et je ne rattrape pas à temps cette parole terrible : Bah, ça va, elle s'en remettra ! Regard. Incompréhension. Un choc de plus… Je suis désolé. Pour ma femme, que j'ai blessée ; pour cette petite, dont j'ai nié le drame caché derrière son rire. J'en ai trop vu ; j'en ai tant vu, de tellement plus jeunes ou de tellement terrorisés…

53

Trouver les mots (justes)

Nous avions pensé à d'autres titres pour ce chapitre.
Désolation. Infamie. Abomination.
Mais les mots ne veulent plus rien dire parfois.

[...] est le signe employé pour indiquer une coupe faite dans un texte qu'on cite. Ici, nous faisons des coupes dans notre propre récit, dans la description de ce site – si sombre – du Darknet.

Et pour ce qui est des images – plutôt que la photo qui nous hante et qu'il n'est pas possible, qu'il n'est pas envisageable de donner à voir – nous convoquons des artistes des XIVe et XVe siècles, habités par la lutte du Bien et du Mal, la terreur du jugement divin et la violence de leur époque. Comme Dante, avec les suppliciés des neuf cercles de *L'Enfer* et ce vers : « Vous qui entrez, laissez toute espérance[1] ». Ou le peintre Jérôme Bosch et ses damnés grimaçants.

Dans nos montagnes du Sud, ce sont les primitifs niçois qui ont orné les murs des chapelles et des églises de leurs

1. Dante Alighieri, *Œuvres complètes*, traduction et commentaires par André Pézard, Gallimard, 1965.

fresques et de leurs retables, ces panneaux de bois peints placés au-dessus des autels.

L'église Saint-Martin de La Brigue abrite le retable représentant le martyre de saint Érasme, ligoté sur une planche, bras dans le dos. Ses tortionnaires enroulent méticuleusement des mètres d'intestin sur un treuil, machine infernale munie d'une manivelle.

Mais ce n'est pas *exactement* ce que nous avons vu sur le site…

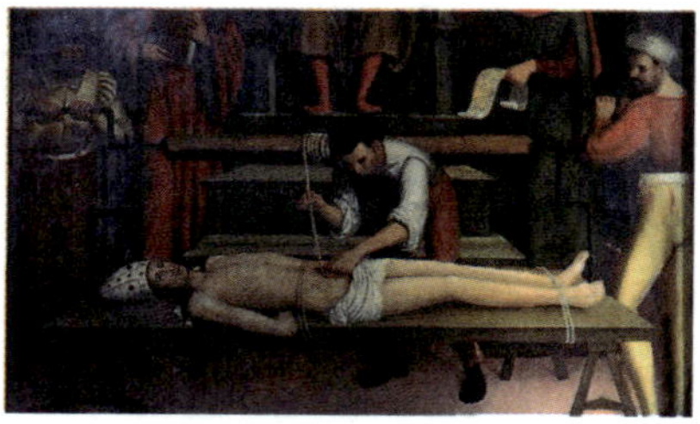

Figure 53 – *Retable de saint Érasme*, église de La Brigue[1].

C'est *presque* ce que nous avons vu sur le site. Sans plaie béante ni intestin cependant.

Remplacez l'homme ligoté par un jeune garçon d'une dizaine d'années. Ligoté, lui aussi.

Remplacez les jambes jointes par des jambes en croix.

Remplacez le visage serein du martyr par un regard empli de terreur et une bouche qui crie en silence.

Remplacez la vue latérale par une vue de trois quarts face.

Gardez par contre la machine infernale munie d'une manivelle.

Mais une manivelle qui, ici, entraîne un mouvement de va-et-vient.

Une machine à violer…

1. « Église paroissiale Saint-Martin de La Brigue » ; https://monumentum.fr/eglise-paroissiale-saint-martin-pa00080684.html.

Nous trouvons ça presque pire qu'un viol *charnel*. Ici, le seul plaisir du violeur est dans la souffrance infligée à l'enfant, contemplée à distance pour mieux s'en repaître.

Et prenons conscience que pour l'enfant martyrisé ce n'est pas *presque* pire.

C'*est* pire…

L'abonnement payant permet de visionner la vidéo complète. Mais pour voir la photo qui en est extraite, pas de code à rentrer, pas de bitcoin à débourser. Du contenu prêt à l'emploi. À deux clics de n'importe quel ado un tant soit peu dégourdi…

Un vrai scandale.

54

Petits. Si petits…

Ce matin-là, j'ai cru que j'étais prête. Que je pouvais m'aventurer seule sur le chemin. Je me trompais…

Gros plan. Très gros plan.

Un sexe d'homme en érection, énorme, juste à l'entrée de la vulve d'un nourrisson.

D'une nourrissonne, donc. Je ne savais même pas que le terme existait.

Je n'ai pas les mots. Mais ce n'est pas pour cette raison que je reste sans voix. L'indicible, ce qui ne peut être dit.

Pierre connaît ce bébé. Ou plutôt le reconnaît. Il a déjà été amené à voir la vidéo.

Pénétration, sang et hurlements.

Le même.

De l'autre côté.

Ceux-là, moi le cyberflic, je n'ai pas pu les identifier. Ni la victime ni l'auteur des faits. Ni tous les relais qui diffusent et transmettent les images. Ni, à l'autre bout de la chaîne, ceux qui s'en délectent. On ne peut pas tous les identifier, tous les neutraliser.

Ils sont trop nombreux et nous, trop peu. On s'efforce d'interpeller au moins les plus gros consommateurs de notre juridiction. Une goutte d'eau au sein de ce vaste marché.

Mais avec l'espoir que si la demande baisse, l'offre suivra. Et la conviction que chaque goutte d'eau compte.

55

Les yeux noirs

Peu importe sur quel site du Darknet on peut trouver la photo d'origine. Ce qu'elle montre est de partout et de tout temps.

L'incarnation – manifestation dans la chair d'une réalité abstraite – de la pédocriminalité.

Cette image me terrifie par sa violence. Peut-être aussi par le malaise qu'elle instille. Un sentiment confus, mélange de culpabilité et d'impuissance…

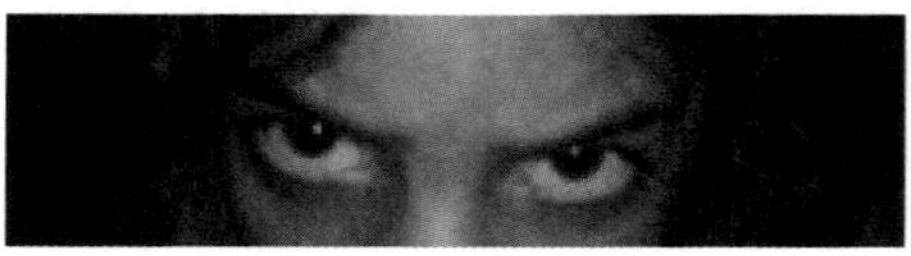

Figure 55 – Recadrage d'une photo vue sur un site pédopornographique du Darknet.

Un gros plan, en légère plongée, d'un sexe masculin surmonté d'un visage au sortir de l'enfance.

Un regard levé vers le haut, droit dans les yeux. Un regard terrible, un regard noir, qui semble accuser tout à la fois son agresseur et quiconque regardera l'image. Partout et en tout temps…

56

Ce que vous ne trouverez dans aucun autre livre sur le Darknet…

Figure 56 – Collage poupée coréenne.

Passer des « Yeux noirs » à cette petite poupée : le choc est violent. Le contraste, dérangeant. Mais, partir à la découverte du Darknet, c'est accepter le risque, c'est se donner la chance de se laisser surprendre, déstabiliser.

Telle était notre ambition : vous proposer, non pas un livre de plus sur le Darknet, mais un livre différent. Une immersion au cœur de tous ses territoires, contrastés et disparates. Un « carnet de voyage » qui vous a emmenés vers des destinations attendues – drogue, violence, escroqueries – mais aussi sur les versants moins connus des luttes pour les libertés.

Et même… ce que vous ne trouverez dans aucun autre livre sur le Darknet : de l'insolite, de la poésie, de l'humour, de la philosophie, de l'émotion.

Le blog *Chocolate Sally's Weird World*[1] – où figure ce collage – a ainsi toute sa place ici. Ce n'est pas un site-miroir : unique et singulier, il n'a d'existence que dans le Darkweb.

Voici comment se présente à ses lecteurs celle qui a réalisé et publié la petite poupée coréenne :

> Salut, visiteur. Je m'appelle Chocolate Sally et voici ma Maison Imaginaire.
> Je suis un Ange Déchu […] une âme humaine perdue laissée de côté sur Terre, essayant de trouver le chemin du retour vers le Ciel/le Paradis. Mais puisque je n'ai aucun endroit où aller et que je cherche encore un sens à ma vie, j'ai décidé de créer ma demeure ici.
> Je posterai des choses de façon aléatoire, la plupart du temps en lien avec l'art puisque j'ai une âme d'artiste […].

1. « Le monde bizarre de Chocolate Sally ».

Nous sommes tombés par hasard sur le blog de Sally, suite à une recherche avec le mot clé « *musician* ». Comme elle publie de nombreux textes de K-pop[1] et de liens YouTube, son blog se trouve dans les premiers résultats.

Nous découvrons alors son univers personnel, plutôt sombre, oscillant entre mélancolie et désespoir : son chagrin devant son frère dans le coma, ses colères, ses épisodes dépressifs et son recours aux médicaments. Et, omniprésentes, les chansons dont elle publie les paroles, évoquant si souvent des amours trahies ou perdues.

Mais aussi quelques îlots de légèreté, avec ses collages de grenouilles rigolotes, ses peintures soignées de bouquets de pivoines, ses études de hiboux. Et, sur une page de cahier à spirale, le petit croquis tendre et poétique d'un bouquet de ballons-planètes...

Nous sommes touchés. Autant par le mal-être exprimé par Sally dans ses écrits que par la fraîcheur de ses réalisations plastiques, que nous interprétons comme une forme de recherche de sérénité.

En définitive, rien de transgressif sur ce blog. Alors pourquoi choisir de le publier dans le Darkweb, pour cette « Asiatique née aux États-Unis, vivant et travaillant actuellement en Corée du Sud » ? Certes, c'est un pays où Internet est très surveillé et qui exerce un contrôle sur certains sujets sensibles (propagande pro-Corée du Nord, nudité, obscénité) ; mais il n'y a ici rien de cet ordre.

Sally et son blog garderont leur part de mystère. Et c'est très bien ainsi !

1. K-pop (pour Korean pop) : courant musical originaire de Corée du Sud.

Impressions de voyage

Finalement, qu'aurai-je découvert sur ce mystérieux Darknet, nécessaire autant que sulfureux, si désespérant et dans le même temps porteur de vérité et de liberté ?

Une sorte d'inventaire à la Prévert : un peu de tout, au hasard des pages. Et, surtout, beaucoup de choses auxquelles on ne s'attendait pas !

Mes valises sont prêtes : j'ai sauvegardé tous mes fichiers sur un support externe, Pierre a formaté le disque dur, puis j'ai débranché l'ordinateur Darknet, qui a plus d'une fois frôlé la surchauffe.

Je pars contente d'avoir contribué à donner un aperçu, un instantané de la réalité du Darknet, loin des stéréotypes réducteurs.

Comme la langue d'Ésope, et comme beaucoup d'inventions humaines, le Darknet peut être la pire comme la meilleure des choses. On dit que l'argent n'a pas d'odeur. De la même façon, le Darknet n'est ni bon ni mauvais en soi. Il n'a pas de qualité morale intrinsèque : c'est un objet technique, qui change d'image selon l'usage que l'on en fait et les buts que l'on poursuit. C'est un tout : on ne peut avoir une facette sans avoir l'autre… Alors, faut-il brûler le Darknet ? Chercher à l'interdire ? Non. Le surveiller de plus près ? Sans aucun doute. Mais à ces questions, chacun donnera sa propre réponse, en fonction de sa sensibilité.

Quant à moi… N'étant ni droguée, ni journaliste d'investigation, ni pédophile, ni opprimée, ni sadique, ni chanteuse engagée, ni combattante extrémiste…

Pratiquant un militantisme plus pragmatique et local que théorique et universel… Me contentant, pour rester en prise avec le monde, d'articles de la presse étrangère traduits…

Pour toutes ces raisons, si j'approuve et défends l'existence et l'indépendance de ce territoire, je ne compte pas pour autant m'y installer définitivement. Peut-être y retourner, ponctuellement, pour faire d'autres rencontres, découvrir d'autres recoins inattendus.

J'étais partie pour 30 jours ; je ne demanderai pas d'extension de visa. Et pourtant ce tour d'horizon est bien loin d'être exhaustif. Le sujet ne s'y prête pas : il est en mutation permanente. Le format de cet ouvrage ne le permettait pas non plus. Peut-être un nouvel opus, plus tard, une autre fois, pour une nouvelle expédition.

Car ce qui reste au-delà du souvenir de nos découvertes, c'est le regret de n'avoir fait que survoler certains sujets qui me tenaient à cœur : les luttes des minorités opprimées et muselées, les alternatives politiques et économiques rendues possibles grâce au Darknet, les nouveaux réseaux sociaux, la culture… et encore une petite pincée d'insolite et d'humour.

Et pour le guide qui m'a accompagnée tout au long de ce périple, quel est le bilan ?

*

Pour moi, le vieux routard du Net, ce voyage en binôme s'est révélé plus surprenant que ce à quoi je m'attendais. Il aura été la possibilité de partager – par l'écriture à quatre mains – un peu de la partie la plus sombre et la plus éprouvante de ce qui est mon quotidien depuis plus de vingt ans.

Cet ouvrage m'aura aussi donné l'occasion de découvrir

la richesse de tout ce qui sort du champ de la criminalité et qui par définition n'entre pas dans le cadre de mes missions.

Il me reste un petit regret : celui d'avoir dû taire le détail de mes interventions, pour préserver la confidentialité de nos méthodes d'investigation.

Au bout du compte, faut-il interdire le Darknet ?

Ma réponse va peut-être surprendre, mais ce sera non. Parce que – malgré les horreurs et les trafics qui y prospèrent – c'est d'abord un espace de liberté.

En tant que policier, c'est un monde que je redoute sur le plan des investigations à mener, difficiles et chronophages. Mais les enquêtes restent possibles, c'est juste une question d'adaptation.

Et en tant que citoyen, j'y vois un média de communication et de partage, sans contrôle, sans censure, indispensable à l'expression des libertés et à la vie démocratique.

Investir le Darknet, c'est se confronter à un changement complet de paradigme. Une façon radicalement différente de penser le monde, sans régulation extérieure. Qui nécessite plus d'efforts.

Le jeu en vaut-il la chandelle ? Pas forcément, pas pour tout le monde… Pour ceux-là, nous aurons atteint notre objectif : vous avoir fait vivre cette immersion, le temps d'un livre.

Pour les autres, l'anti-bibliographie vous donnera quelques clés pour mieux comprendre les enjeux du Darknet et – qui sait ? – poursuivre l'exploration à votre compte.

ANNEXES

1

Internet & Darknet

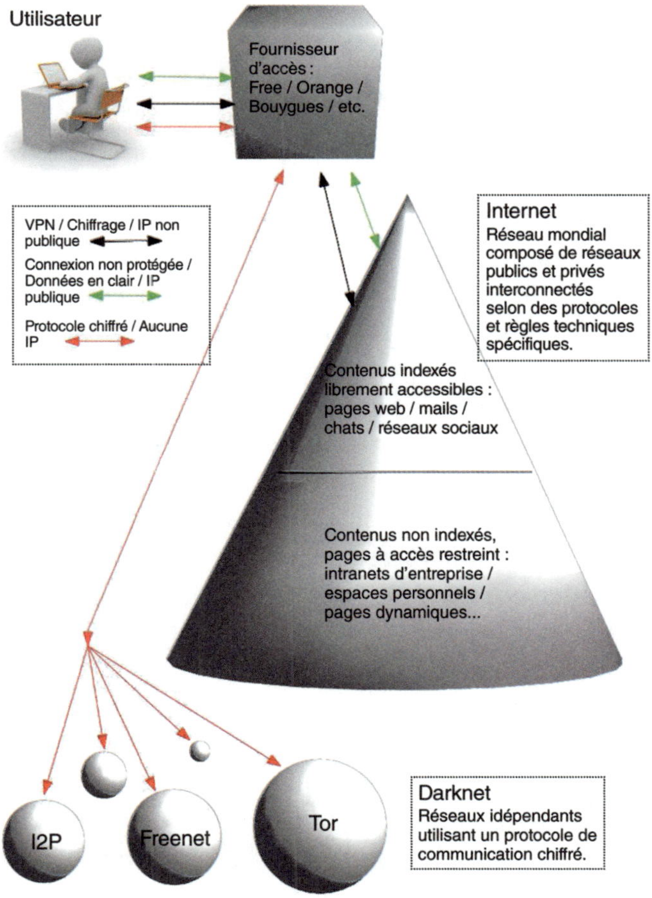

2

Les paradoxes de Tor

C'est la marine américaine, la Navy, qui avec son United States Naval Research Laboratory est à l'origine de Tor, au début des années 2000. L'objectif était alors de camoufler les activités d'espionnage de ses analystes. Mais, s'ils en étaient restés les seuls utilisateurs, ils auraient facilement été repérables et identifiables.

En 2002, lors du déploiement de Tor, il est donc décidé de publier le logiciel en *open source* (avec un code consultable par tous) et d'ouvrir le réseau au grand public.

En 2006 est créé The Tor Project, Inc., une fondation à but non lucratif en charge de la maintenance et du développement du logiciel ainsi que de la communication.

En 2015, le projet Tor recrute comme directrice exécutive Shari Steele, qui avait dirigé pendant quinze ans l'EFF (Electronic Frontier Foundation), organisme de défense de la liberté d'expression sur Internet.

C'est l'EFF qui gérera un tournant dans la gestion de Tor, au moment où est lancée une campagne de crowdfunding (ou financement participatif) pour diversifier son financement, campagne motivée par « le fait que la plateforme souhaite être moins tributaire du gouvernement américain qui apporte 80 à 90 % de son financement annuel. Difficile en effet de clamer un peu partout son indépendance quand la totalité de son budget de fonctionnement provient de ressources fédérales[1] ».

Le projet Tor est donc désormais une organisation financée par des dizaines de milliers de donateurs individuels mais aussi par des entreprises du secteur numérique, des fondations et des organisations publiques ou parapubliques, des universités et des instances gouvernementales (toutes principalement américaines). Ce qui continue à poser question…

L'objectif affiché par les contributeurs est de permettre une communication libre et sans contrôle, partout et pour tous. Ils ne participent en rien au développement et à la maintenance du logiciel. L'équipe du projet est claire à ce sujet : les donateurs ne reçoivent rien en échange de leur financement, hormis l'affichage de leur logo sur le site internet de Tor, où l'on peut consulter la liste des commanditaires actifs et passés[2] :

En 2020, ont notamment contribué :

- l'U.S. Department of State Bureau of Democracy, Human Rights, and Labor (le Bureau de la démocratie des droits de l'homme et du travail, service faisant partie de l'équivalent américain de notre ministère des Affaires étrangères) ;
- la DARPA (Defense Advanced Research Projects Agency), une agence du département de la Défense des États-Unis chargée de la recherche et du développement des nouvelles technologies à visée militaire ;
- la Google Summer of Code, « programme annuel organisé par Google visant à promouvoir le développement du logiciel libre » au cours duquel « [des] étudiants sont payés par Google pour travailler pendant l'été (de mi-juin

1. Serge Leblal, « Tor fait appel au crowdfunding pour assurer son indépendance », in *Le Monde informatique*, 26 novembre 2015 ; https://www.lemondeinformatique.fr/actualites/lire-tor-fait-appel-au-crowdfunding-pour-assurer-son-independance-63098.html.

2. https://www.torproject.org/fr/about/sponsors/.

à mi-septembre) sur un projet pour lequel l'étudiant a postulé précédemment[1] ».

Ce qui surprend, c'est que des organisations étatiques américaines continuent de financer le développement d'un outil potentiellement destiné à permettre à ses citoyens d'échapper au contrôle et à la surveillance du gouvernement.

La NSA s'est toujours violemment opposée aux mouvements de lanceurs d'alerte comme Wikileaks, qui utilise un logiciel basé sur Tor, et elle considère Tor lui-même comme un ennemi de la sécurité extérieure. Le FBI dénonce quant à lui le fait que Tor soit une « porte sécurisée pour œuvrer dans le Dark Web[2] ».

Il est pourtant de notoriété publique que des fonctionnaires du ministère américain de la Justice, le FBI et d'autres agences gouvernementales rencontrent régulièrement des membres du projet Tor lors de colloques ou de séminaires.

Aident-ils les services d'investigation ? Possible.

Une des particularités de Tor, c'est que le réseau est vulnérable au niveau de ses nœuds de sortie.

Un chercheur en sécurité indépendant a récemment dévoilé que près d'un quart des nœuds de sortie de Tor étaient contrôlés par un groupe de hackeurs qui volaient les informations des utilisateurs, en particulier celles liées aux portefeuilles en bitcoins. L'équipe du projet Tor a exclu du réseau une bonne partie de ces machines. Mais le doute sur la sécurité de Tor subsiste malgré tout.

---

1. *Google Summer of Code*, sur Wikipédia ; http://fr.wikipedia.org/w/index.php?title=Google_Summer_of_Code&oldid=167857146.

2. Emmanuel Ghesquier, « Le FBI subventionnerait une université pour casser l'anonymat du réseau Tor », PresseCitron, 13 novembre 2015 ; https://www.presse-citron.net/le-fbi-subventionnerait-une-universite-pour-casser-lanonymat-du-reseau-tor/.

Nous pensons que ses administrateurs donnent aux agences gouvernementales un minimum d'explications sur le fonctionnement de leur logiciel, afin de limiter le risque d'être accusés de complicité dans la commission d'actes illégaux. Risque non négligeable aux États-Unis…

Cela confirmerait en tout cas que Tor ne comporte pas de *back door*[1] permettant un espionnage étatique. En effet selon *The Guardian*, « l'agence américaine consacre 250 millions de dollars (190 millions d'euros) par an [chiffres de 2015] à travailler avec les entreprises technologiques pour "influencer secrètement" la conception de leurs produits. L'objectif : insérer dans les systèmes de chiffrement des vulnérabilités, ou "*back doors*", que la NSA pourra ensuite exploiter pour espionner les données[2] ».

Mais l'absence de porte dérobée dans Tor expliquerait que des organismes d'État américains soient contraints de financer des recherches destinées à casser le chiffrement ou compromettre le fonctionnement du réseau Tor. En 2015, par exemple, le FBI « aurait payé un million de dollars des chercheurs de l'université Carnegie Mellon pour s'attaquer à ce que Tor propose de plus cher : l'anonymat[3] ». L'université a nié avoir reçu un paiement, sans pour autant démentir de façon explicite les faits.

Le paradoxe n'est qu'apparent.

Les autorités des États-Unis ne cessent de chercher puis d'exploiter les éventuelles failles de Tor ; il se dit dans les

1. *Back door* (« porte dérobée ») : programme installé à l'insu de l'utilisateur et qui permet un accès à distance à un logiciel ; parfois laissé intentionnellement par les concepteurs du logiciel.

2. « Affaire Snowden : comment la NSA déjoue le chiffrement des communications », *Le Monde*, 5 septembre 2013 ; https://www.lemonde.fr/technologies/article/2013/09/05/cybersurveillance-la-nsa-a-contourne-les-garde-fous-qui-protegent-les-donnees_3472159_651865.html.

3. *Ibid.*

milieux autorisés que la NSA est en capacité de désanonymiser partiellement le réseau en fonction d'objectifs précis, mais que l'accroissement du nombre d'utilisateurs, entre 2 et 3 millions chaque jour, et le renforcement permanent des protocoles de cryptage rendent impossible une désanonymisation totale.

Notre analyse est que les États-Unis ne cherchent pas à détruire le réseau parallèle, Tor étant – aussi – un outil politique, qui sert leurs intérêts : il permet aux dissidents de nombreux pays en délicatesse avec l'Oncle Sam de communiquer et de s'organiser. Tor facilite aussi la fuite d'informations sensibles.

Il est en outre probable que Tor ait conservé sa fonction initiale : être au service du renseignement. Et cela aussi bien comme terrain de chasse que comme canal de communication chiffré, en complément des systèmes développés en interne.

Politiquement, contribuer au financement de Tor permet aux États-Unis à la fois d'entretenir une réputation de pays défenseur des libertés, et, en parallèle, de tenter d'en percer les défenses pour contrer (entre autres) l'usage criminel et terroriste qui en est fait.

3

Mais que fait la police ?

Que fait la police… mais aussi les autres composantes des services d'enquête en milieu informatique – gendarmerie et douanes –, tous présents sur le Darknet ?

Pour la France, l'OCLCTIC[1], le C3N[2] et les cyberdouanes sont les services les plus actifs dans ce domaine. Mais les unités de police du monde entier (et en particulier des États-Unis) savent se montrer redoutables… et le font savoir.

En effet, lorsqu'il s'agit de plateformes d'importance, le site est « défacé » : la page d'accueil est remplacée par une page affichant les logos des services d'enquête ayant pris part à l'opération.

1. OCLCTIC (Office central de lutte contre la criminalité liée aux technologies de l'information et de la communication) : police nationale.

2. C3N (Centre de lutte contre les criminalités numériques) : gendarmerie nationale.

Figure A – Site défacé par les services d'enquête qui l'ont saisi.

CE SITE A ÉTÉ SAISI par le FBI en application d'un mandat de perquisition obtenu par le bureau du procureur des États-Unis pour le district ouest de Pennsylvanie, la section de la délinquance informatique et de la propriété intellectuelle du ministère de la Justice des États-Unis et la section du crime organisé et des gangs du ministère de la Justice des États-Unis [...] en coordination avec des organismes de sécurité européens agissant via Europol, conformément au droit des États membres européens.

>

En quelques années, les grandes plateformes historiques de commerce, et notamment les supermarchés de la drogue, ont été démantelées les unes après les autres.

En 2013, le FBI a saisi et fermé *Silk Road* (« Route de la Soie »), la plus importante de ces plateformes, et arrêté son gestionnaire, Ross Ulbricht. Il ne s'agissait pas d'un site de vente directe mais d'un site de mise en relation de vendeurs et acheteurs ; ses produits phares étaient les stupéfiants de toutes sortes. Fait très inhabituel : outre la pédopornographie, souvent bannie des sites de vente, *Silk Road* n'acceptait pas les ventes de cartes bancaires volées ni, dans les derniers temps, les ventes d'armes.

« L'enquête du FBI, qui a mobilisé une centaine d'agents fédéraux travaillant sous couverture, ordonnant des achats de stupéfiants jusqu'à livraison, a montré que la drogue, [reconnue comme étant] d'une grande pureté, provenait de vendeurs résidant dans plus de dix pays européens, ainsi qu'aux États-Unis et au Canada. Ce trafic aurait généré des ventes de 1,2 milliard de dollars américains, pour un montant total de commission de 80 millions empochés par *Silk Road* (de 8 à 15 % pour chaque transaction). Ross Ulbricht, le fondateur du site, a été condamné à la réclusion à perpétuité le 29 mai 2015. Le 4 février 2015, il avait été reconnu coupable de sept chefs d'accusation. Ross Ulbricht avait amassé une fortune de 18 millions de dollars avec sa plateforme depuis 2011[1]. »

En novembre 2014, l'opération *Onymous*, menée conjointement par le FBI et Europol, a réussi à faire fermer plus de 400 sites qui vendaient drogues et armes. En France, il n'y a eu que des saisies de serveurs, les administrateurs résidant à l'étranger. Concernant la façon dont l'enquête a pu être menée, les services de police – le FBI en particulier – sont restés particulièrement discrets.

1. https://fr.wikipedia.org/wiki/Silk_road.

Plus récemment, le *French Deep Web-Market (FDW-M)* a été démantelé en juin 2019. L'interpellation des gestionnaires de la plateforme a été l'une des plus grandes réussites – parmi les opérations menées dans le Darknet – de la Direction nationale du renseignement et des enquêtes douanières (DNRD) et de la police judiciaire, OCLCTIC en tête. L'opération a mobilisé plus de 90 enquêteurs spécialisés aux quatre coins de l'Hexagone, de Nice à Metz en passant par Bordeaux, Lisieux et Rennes. Le RAID et l'ANSSI[1] ont participé aux diverses arrestations.

L'impact dans le Darknet a été immédiat et a porté un coup sérieux au développement de ces trafics. Le *French Deep Web-Market* était devenu au cours des dernières années une plateforme incontournable pour les vendeurs et les acheteurs francophones. La saisie des serveurs du site et de leur contenu a permis de récolter quantité d'informations, qui ne manqueront pas d'être exploitées à l'issue de la commission rogatoire.

En juillet 2020, un homme, considéré comme « l'une des dix cibles prioritaires mondiales[2] », est interpellé en région bordelaise à l'issue d'une enquête débutée en 2014 et menée conjointement par l'OCRVP[3] et Europol. Il aura été identifié grâce à une opération de cyberinfiltration.

Cet homme était l'administrateur de plusieurs plateformes du Darknet proposant photos et vidéos pédopornographiques. Inconnu des services de police, bien intégré socialement et

1. ANSSI : Agence nationale de la sécurité des systèmes d'information.

2. Juliette Bénézit, « Pédocriminalité : "l'une des dix cibles prioritaires mondiales" de la justice arrêtée en Gironde », *Le Monde*, 13 juillet 2020 ; https://www.lemonde.fr/societe/article/2020/07/13/interpellation-en-gironde-d-un-pedocriminel-presume-l-une-des-dix-cibles-prioritaires-mondiales_6046087_3224.html.

3. OCRVP : Office central de répression des violences aux personnes (rattaché à la Direction centrale de la police judiciaire).

professionnellement, il a aussi été mis en accusation pour agressions sexuelles incestueuses et viols incestueux.

Autre réussite marquante en 2020 : le démantèlement du réseau de communication crypté de la société EncroChat, à mettre au crédit du C3N (cybergendarmes). 90 % des utilisateurs de ce réseau de communication sécurisé se livraient à des activités criminelles. Les téléphones, vendus 1 000 euros, étaient entièrement modifiés, dépouillés de leurs micro, caméra, système GPS et port USB pour éviter tout espionnage. L'abonnement coûtait 3 000 euros par an mais offrait une couverture internationale et une assistance permanente, de jour comme de nuit. EncroChat promettait un anonymat total à ses utilisateurs et l'intraçabilité des achats. Près de 50 000 téléphones de ce type avaient été vendus.

La gendarmerie a engagé des moyens matériels et humains considérables, en mobilisant sur ce dossier 60 enquêteurs du C3N à plein temps. Le 13 juin, le réseau alerte ses clients et les informe qu'il a été infiltré par des entités gouvernementales, mais il est trop tard : le démantèlement d'EncroChat est annoncé le 2 juillet par les autorités françaises et néerlandaises.

De nombreuses interpellations ont déjà été menées ou sont en cours et les investigations effectuées ont déjà permis d'empêcher des dizaines d'actes violents, parmi lesquels des enlèvements, des fusillades et des meurtres.

Encore plus récemment, le 22 septembre 2020, Europol a annoncé les résultats d'une opération coordonnée menée par une coalition de forces de police européennes et américaine : « *DisrupTor* qui ciblait les vendeurs et les acheteurs de marchandises illicites sur le dark web. [...] En conséquence, 179 vendeurs qui se livraient à des dizaines de milliers de ventes de produits illicites ont été arrêtés à travers l'Europe et les États-Unis. Plus de 6,5 millions de dollars ont été saisis en espèces et en monnaies virtuelles, ainsi que quelque 500 kilogrammes de drogues [...] et 64 armes à feu. »

Le chef du Centre européen de lutte contre la cybercriminalité (EC3) d'Europol, Edvardas Šileris, a déclaré : « L'âge d'or du marché du dark web est révolu. De telles opérations mettent en évidence la capacité des forces de l'ordre à lutter contre le cryptage et l'anonymat des marchés du dark web. La police ne détruit plus seulement ces marchés illégaux – elle poursuit également les criminels qui achètent et vendent des produits illégaux sur ces sites[1]. »

En conclusion, on assiste actuellement à un remodelage de la criminalité dans le Darkweb, avec un effacement progressif des grosses plateformes au profit d'une myriade de petites structures.

De façon générale, même si les sites se remontent très rapidement après saisie, de nombreux réseaux criminels sont infiltrés et surveillés.

Comme pour tout type de criminalité, la lutte est sans fin... Il y a des choix à faire et la priorité est donnée aux plus gros poissons.

Sans faire d'angélisme (il peut y avoir des rivalités entre services, comme dans toute organisation humaine), on observe généralement une bonne coopération, y compris entre unités relevant de ministères différents[2]. Les services d'Europol et d'Interpol sont particulièrement actifs et de plus en plus performants grâce à leur positionnement mondial, ce qui leur permet d'apporter l'assistance nécessaire aux services locaux de police.

1. https://www.europol.europa.eu/newsroom/news/international-sting-against-dark-web-vendors-leads-to-179-arrests.

2. Police nationale et gendarmerie nationale sont réunies depuis 2009 au sein du ministère de l'Intérieur. La Direction générale des douanes et droits indirects est rattachée au ministère de l'Action et des Comptes publics.

Et en ce qui concerne les modes d'intervention des cyberflics… nous savons, mais moi, Pierre, je ne dirai rien ! Rien qu'on ne puisse déjà lire dans d'autres publications à propos des techniques et outils d'enquête sur le Darknet. Mais l'un des moyens les plus utilisés des enquêteurs cyber est l'infiltration sous pseudonyme, avec un faux profil.

À ceux qui pensent que c'est comme dans les films, et qui voudraient intégrer des services dédiés, nous préférons ôter toute illusion. Le travail est long, ingrat et demande de surcroît un investissement considérable, qui empiète souvent sur le temps personnel. Parfois dans l'ombre.

Police dans l'ombre, policier de l'ombre… Pierre connaît un enquêteur cyber en PJ, habilité pour l'infiltration numérique, qui consacre tout son temps libre – depuis des années – à traquer sur Tor les pédocriminels. C'est lui qui avait repéré, sur un des forums du Deepweb, l'annonce du détenu qui avait tenté de commanditer le viol de sa propre fille de 9 ans par un autre pédocriminel.

Tout le monde avait évidemment applaudi au dénouement de cette affaire, mais il faut garder en mémoire que cela n'a été possible que grâce au dévouement d'un policier solitaire et humble, qui fait de la traque de ces criminels un vrai sacerdoce. Il veut rester anonyme, mais je tenais à lui rendre hommage. Il se reconnaîtra. Tu es un vrai flic de l'ombre, tu as toute notre admiration ! Merci pour ce que tu fais.

Anti-bibliographie

Pourquoi une bibliographie ?

C'est le prolongement naturel et nécessaire du livre, pour donner une vision plus globale et permettre d'approfondir certains sujets.

Et pourquoi une *anti*-bibliographie ?

Parce qu'on y trouve en définitive que très peu de livres ! Mais qu'elle comprend des vidéos, des articles de journaux en ligne et des sites web.

-- – — Livres — – --

Laurent GAYARD, *Darknet, GAFA, Bitcoin. L'anonymat est un choix* (Slatkine & Cie, 2018)
Le titre du livre annonce la couleur. Présentation très vivante des théoriciens du Darknet : cryptoanarchistes et cypherpunks.
Cultive une connivence avec le lecteur, beaucoup (un peu trop, peut-être) de traits d'humour et de références culturelles de tous horizons, un ton direct sans jargon technique.

Eileen ORSMBY, *The Darkest Web: Drugs, Death and Destroyed Lives… The Inside Story of the Internet's Evil Twin* (Allen & Unwin, 2018)
Trois enquêtes (menées par une ancienne avocate) portant sur la plateforme *Silk Road*, les tueurs à gages, les *red rooms* et *snuff movies* ainsi qu'une sordide affaire de pédocriminalité.

Darkest Web a les qualités et les défauts d'un très bon ouvrage journalistique, malgré une subjectivité certaine (adhésion aux idéaux libertariens de *Silk Road* et hostilité à la guerre contre la drogue). Il offre une plongée dans la partie résolument sombre du Darknet, et en montre la complexité et les nuances. L'autrice tient un blog sur les mêmes thèmes : *All Things Vice*[1].

Pierre Penalba et Abigaelle Penalba, *Cyber crimes. Un flic 2.0 raconte* (Albin Michel, 2020 ; J'ai lu, 2021)
54 affaires authentiques de cybercriminalité, dont deux en lien avec le Darknet, où alternent traques numériques, récits tragiques et anecdotes humoristiques. Le tout ponctué de conseils pratiques pour se prémunir des piratages, atteintes à l'image, arnaques ou chantages les plus fréquents.
(Oui, c'est de la pub !)

Jean-Philippe Rennard, *Darknet. Mythes et réalités* (Ellipses, 2e éd. 2018)
Très pointu sur l'aspect technique du Darknet : cryptographie, mix-nets, blockchain, cryptomonnaies.
Présentation synthétique des deux autres grands darknets, I2P et Freenet, ainsi que des messageries électroniques sécurisées. Bon résumé de l'affaire Snowden et des débuts de Wikileaks.
Bibliographie riche et variée (livres, articles, études et thèses, dont une majorité cependant en anglais), pour ceux qui veulent creuser le sujet.

Rayna Stamboliyska, *La Face cachée d'Internet* (Larousse, 2017)
Un quart de cet ouvrage est consacré au Darkweb. Contenu dense et très documenté. La légèreté de ton de l'autrice, qui n'enlève rien à sa parfaite maîtrise du sujet, rend la lecture agréable.
L'accent est mis sur l'aspect géopolitique de la surveillance de masse et de la protection des données, avec leurs implications sociales, politiques et philosophiques. Analyse de WikiLeaks précise et toute en nuances.

1. https://allthingsvice.com/about/.

---— YouTube —---

TOR : the dark WEB – Monsieur Bidouille, Dimitri Ferrière
https://www.youtube.com/watch?v=zjqw1VnuKLs&feature=emb_rel_end
Excellente vulgarisation du fonctionnement technique de Tor. Explication accessible aux néophytes, sur un ton complice.
Les thèmes abordés sont traités de façon claire, détaillée et surtout rigoureusement exacte.

Le Darknet, Jean-Philippe Rennard
https://www.youtube.com/watch?v=V8cnzyJ7S4s
L'essentiel du livre de l'auteur cité plus haut – technologie, cryptomonnaies, enjeux socio-politiques – avec le confort d'une conférence filmée. La même clarté et la même rigueur que dans la version papier, l'aisance de la communication orale du professeur (doyen du corps professoral à la Grenoble École de Management) en plus !

Dark What ? Démystifier le buzz via la présentation d'un outil open-source, Félix Le Houx
https://www.youtube.com/watch?v=NiPF4GCvnn8
À partir de la 14e minute, fonctionnement de Tor, marchés noirs du Darkweb (principes d'organisation, drogues, armes, faux papiers) et atteintes aux personnes (pédopornographie, trafics d'êtres humains, *red rooms*).
Moins fluide, mais complémentaire des deux vidéos précédentes.

---— Blogs et sites web —---

Organisations de défense et de promotion d'un Internet libre / contre censure et surveillance

La Quadrature du Net
https://www.laquadrature.net/
Association de défense des libertés numériques, qui intervient sur les questions de société liées aux données personnelles, à la censure, la surveillance, les télécommunications.

L'action de la police y est très souvent décriée... mais on n'est pas rancuniers !

FreedomBox
https://freedomboxfoundation.org/fr/
Collectif qui propose des outils numériques basés sur des logiciels libres et permettant de s'affranchir des GAFAM et de mieux protéger vie privée et données personnelles : courrier électronique, messageries instantanées ou médias sociaux.

EFF (Electronic Frontier Foundation)
https://www.eff.org/ [traduction Google accessible]
Organisation à but non lucratif dédiée à la protection des libertés numériques. La *frontier*, c'est la zone frontalière, le Far West des pionniers : un territoire incertain, mobile, où les libertés individuelles priment tout le reste. Son activité inclut l'action judiciaire, le lobbying et la vulgarisation. Elle soutient financièrement certaines avancées technologiques (elle a par exemple participé au financement de Tor).

Liberté de la presse

Freedom of the Press Foundation
https://freedom.press [traduction Google accessible]
Publie l'actualité – très majoritairement centrée sur les États-Unis – des atteintes à la liberté de la presse.
Gère *Secure Drop*, plateforme de dépôt anonyme d'informations sensibles ou confidentielles.
Propose des guides et outils de protection des journalistes et de leurs sources.

Blockchain et cryptoactifs

Journal du coin
https://journalducoin.com/
Un contenu facile d'accès, un lexique très complet et un convertisseur de monnaies.
Janin GRANDNE propose, dans la rubrique *Philosophie et blockchain*, une série d'articles « dont l'objectif est d'analyser la blockchain à travers le prisme des classiques de la philosophie ». Approche très intéressante, analyse fine et nourrie de références.

Remerciements

Au cœur de la chaîne du livre, nous tenons d'abord à remercier nos libraires de choc, Christelle de « Rue de Verneuil » à Annecy et Florence de « Autour d'un livre » à Cannes, pour leur passion des livres, qu'elles savent si bien communiquer.

Nous voulons ensuite exprimer toute notre gratitude à la fine équipe de nos relecteurs : Arnaud, Aurélie, Christine, Danièle, Dida, Edgar, Gérard, Jackie, Julien, Marie, Michelle, Moana, Véra, avec une mention particulière pour Geneviève et Nicolas. Ils ont tous été d'une aide précieuse par leurs corrections et l'expression de leur ressenti sur les sujets les plus graves, nous amenant à affiner notre réflexion.

Nous remercions aussi nos traducteurs, depuis l'anglais bien sûr, mais aussi depuis l'allemand, le chinois, l'italien et le russe : Anastasia, Geneviève, Jean, Nicolas, Pierre, René.

Enfin, nous avons une pensée particulière pour Alexandre Wickham, et son assistante Patricia Picard, qui nous ont encouragés dans les moments de doute inévitables d'un projet éditorial de cette ampleur.

Nous dédions cet ouvrage aux lecteurs de *Cyber crimes* – hauts responsables des forces de police, collègues, journalistes, chefs d'entreprise, informaticiens ou amateurs d'enquêtes policières – avec qui nous avons pu échanger et qui nous ont demandé : « À quand le prochain ? » Qu'ils soient tous ici remerciés pour leur enthousiasme et leur curiosité !

DES MÊMES AUTEURS

Cyber crimes. Un flic 2.0 raconte, Albin Michel, 2020 ; rééd. J'ai lu, 2021.

Composition : Nord Compo
Impression : Liberduplex en juillet 2022
Éditions Albin Michel
22, rue Huygens, 75014 Paris
www.albin-michel.fr
ISBN : 978-2-226-45528-4
N° d'édition : 24176/01
Dépôt légal : septembre 2022
Imprimé en Espagne